교과서 개념 잡는 초등 사회그림책

우리나라 지리

방방곡곡 우리나라
지리대장 나강산이 간다!

글 석수점 · 그림 이해정
감수 권정화 (한국교원대학교 지리교육과 교수)

차례

캠핑카를 타고 우리나라 곳곳을 여행해요! · 4

대한민국의 중심, 서울 · 6

한강은 서울을 가로질러요 · 8

우리나라 최초의 계획도시, 수원화성 · 10

인천은 바다 교통과 하늘 교통의 중심지예요! · 12

강화도에서 신나는 갯벌 체험을 해요 · 14

가깝지만 갈 수 없는 북한 · 16

강원도 산지촌에서 고랭지 채소를 재배해요 · 18

한반도를 가로지르는 산줄기, 백두대간 · 20

물이 맑고 깊은 동해에 왔어요! · 22

댐이 골짜기를 호수로 바꾸었어요 · 24

황해는 해안선이 들쑥날쑥해요 · 26

정부 기관을 옮긴 세종시와 교통의 중심지인 대전 · 28

사람들은 오래전부터 강을 중심으로 모여 살았어요 · 30

충주에는 삼국 시대 유적이 많아요 · 32

전주 한옥마을을 거닐며 봄을 느껴요 · 34

우리나라 최대의 평야, 호남평야 · 36

광주는 예술의 도시예요 · 38

우리나라의 특산물 · 41

완도에서 장보고축제를 즐겨요 · 42

남해는 섬이 많아 다도해래요 · 44

포항은 세계적인 공업 도시예요 · 46

울릉도 오징어 사이소! · 48

누가 뭐래도 우리 땅, 독도! · 49

대구는 사방이 산으로 둘러싸여 있어요 · 50

우리나라 산업의 수도, 울산 · 52

우리나라 제1의 항구 도시, 부산 · 54

남해의 신기한 다랭이 논 · 56

아름다운 제주도! 혼저옵서예! · 58

어느덧 캠핑 1년차! · 60

우리나라 방방곡곡, 찰칵! · 62
−각 지역의 명소, 유적, 축제 소개

교과서 개념을 다지는 **단계별 워크북**이 들어 있어요.

재미있게 풀고 알차게 공부하는
우리나라 지리 워크북 · 80

워크북 정답 · 90

초등 교과서의 핵심 개념을 담았습니다.

1학년 2학기 겨울
− 여기는 우리나라
  우리나라를 소개해요

3학년 1학기 사회
− 우리 고장의 모습
  우리가 생각하는 고장의 모습
  하늘에서 내려다본 고장의 모습

3학년 2학기 사회
− 환경에 따라 다른 삶의 모습
  우리 고장의 환경과 생활 모습
  환경에 따른 의식주 생활 모습

4학년 1학기 사회
− 지역의 위치와 특성
  지도로 본 우리 지역
  우리 지역의 중심지

4학년 2학기 사회
− 촌락과 도시의 생활 모습
  촌락과 도시의 특징
  함께 발전하는 촌락과 도시

5학년 1학기 사회
− 국토와 우리 생활
  우리 국토의 위치와 영역
  우리 국토의 자연환경
  우리 국토의 인문 환경

캠핑카를 타고 우리나라 곳곳을 여행해요!

빵빵! 경적 소리에 강산이는 한달음에 달려 나갔어요.
"우아, 캠핑카다!"
강산이가 환호성을 질렀어요.
"어휴, 고물차 개조한 거 가지고 너무 좋아하는 거 아냐?"
누나 은하가 강산이에게 괜히 핀잔을 주었어요.
"이제부터 이 캠핑카로 우리나라 곳곳을 다니는 거야! 어때, 신나겠지?"
엄마가 운전석에서 내리며 상기된 표정으로 말했어요.
강산이를 낳기 전까지 여행사에 다녔던 엄마는 캠핑카로 전국 일주를 하는 게 꿈이었어요.
낡은 승합차를 개조해 만든 세상에 딱 하나뿐인 이 캠핑카가
엄마의 꿈을 이루어 주고, 강산이네 가족에게 멋진 추억을 안겨 줄 거예요.

대한민국의 중심, 서울

주말과 방학을 이용해 우리나라 곳곳을 여행하기로 한 강산이네 가족.
캠핑카를 타고 떠나는 첫 여행지는 마포구에 있는 난지캠핑장이에요.
"난지캠핑장으로 출발!"
토요일 아침 들뜬 마음으로 캠핑카에 오른 강산이가 외쳤어요.
그런데 큰길로 나서자마자 차는 거북이처럼 느릿느릿 움직였어요.
"걸어가는 게 더 빠르겠네."
은하가 꽉 막힌 도로를 보며 투덜거리자 엄마가 달래듯 말했어요.
"서울이 우리나라의 수도잖니. 청와대, 국회의사당 같은 주요 기관이랑
회사, 병원, 문화 시설 등이 모여 있으니 사람도 많고 교통도 복잡한 거야."
"뭐, 오늘 안에는 도착하겠지. 안 그으래애, 누우나?"
강산이가 만화영화에서 본 나무늘보 흉내를 내자
은하는 피식 웃음이 나왔어요.

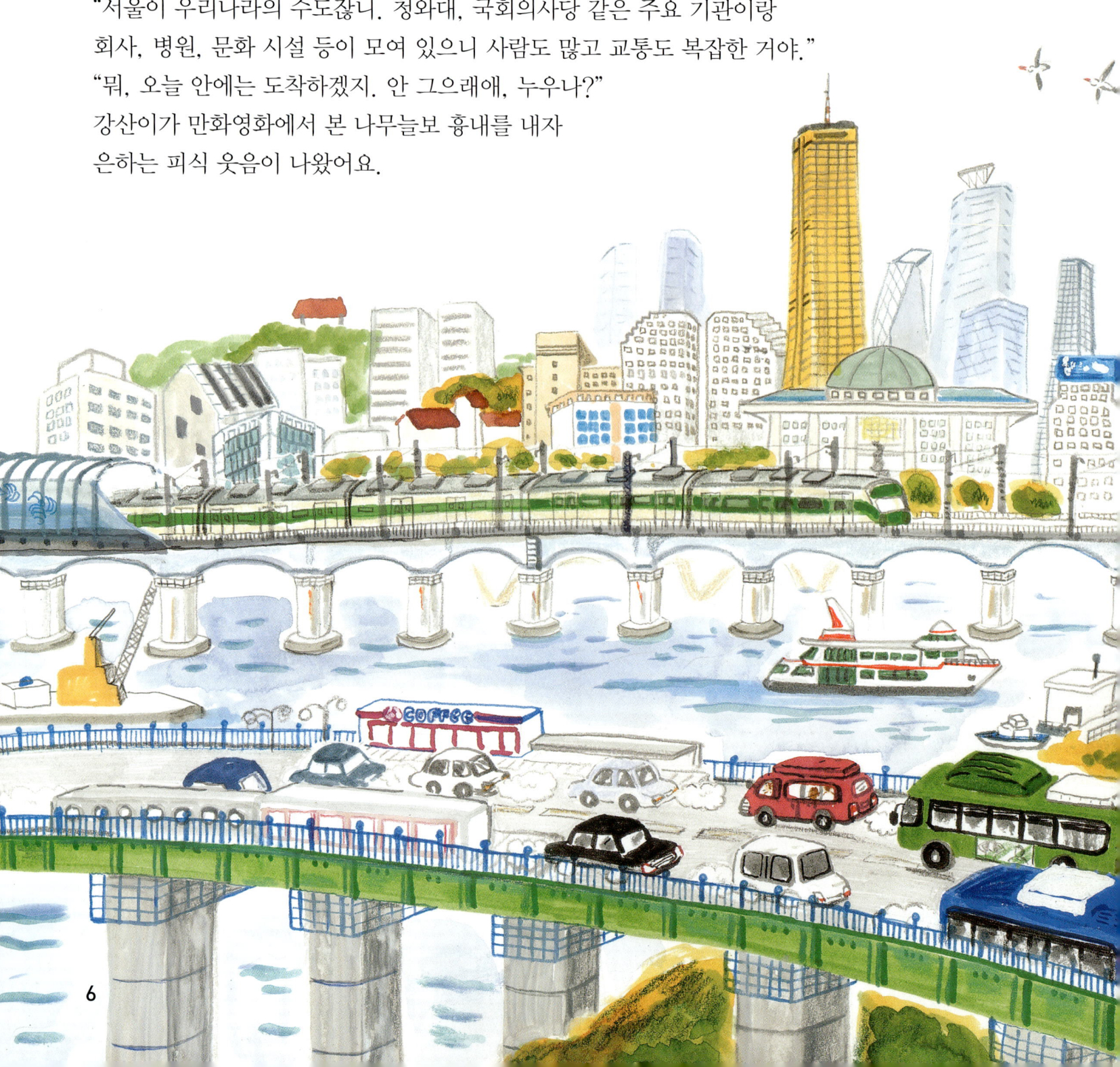

한강은 서울을 가로질러요

난지캠핑장에 도착해 점심 준비를 하려는데, 불 피울 숯을 안 가져왔지 뭐예요.
강산이는 넉살 좋게 옆 텐트에 숯을 빌리러 갔어요.
인상 좋은 두 대학생 형들은 흔쾌히 숯을 빌려주었지요.
그때 멋진 자전거 두 대가 강산이의 눈에 들어왔어요.
"저 자전거, 형들 거예요?"
"응, 우리는 일산에서 자전거를 타고 왔어. 자전거로 전국 일주를 할 생각이야."
"우리 가족도 캠핑카로 전국을 여행할 거예요!"

텐트로 돌아온 강산이가 엄마에게 형들 얘기를 했어요.
"엄마, 숯도 빌렸는데 저녁에 저 형들 초대해요. 누나, 괜찮지?"
은하도 싫지 않은 듯 고개를 끄덕였어요.
엄마가 허락하자 강산이는 형들을 저녁 식사에 초대했어요.
강산이네 가족은 형들과 어울려 고기도 구워 먹고 여행 얘기도 하며
즐거운 시간을 보냈지요.

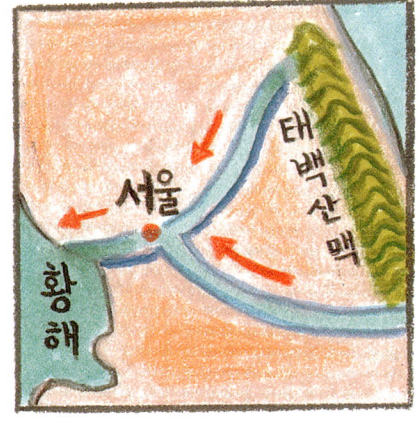

한강은 태백산맥에서 시작되어 서울을 지나 황해로 흘러요.

북촌한옥마을
N서울타워
흥인지문
황학동벼룩시장
명동성당
동대문디자인플라자
남산
국립중앙박물관
청담대교
성수대교
동호대교
영동대교
한남대교
한강대교
한강철교
반포대교
동작대교
국립서울현충원

다리가 없던 옛날에는?
옛날에는 배를 이용해서 한강을 건넜기 때문에
곳곳에 배가 드나드는 나루가 있었어요.
오늘날 그 나루터에 대부분 다리가 생겼어요.
동작나루에는 동작대교가, 양화나루에는 양화대교가 생겼지요.

우리나라 최초의 계획도시, 수원화성

다음 날 아침, 강산이네는 수원화성문화제를 구경하기 위해
난지캠핑장을 출발하여 수원으로 향했어요.
수원화성은 조선 22대 임금인 정조대왕이
실학자 정약용에게 설계를 맡겨 지은 성곽 도시예요.
"정조가 아버지 사도세자의 묘를 지금의 경기도 화성시로 옮기면서,
원래 그 지역에 살던 백성들을 이주시키기 위해 만든 도시가
바로 수원화성이란다. 우리나라 최초의 계획도시인 셈이지."
엄마의 설명이 강산이와 은하의 귀에 쏙쏙 들어왔어요.
수원화성에 도착하자 정조대왕 능행차 재현 행사가 진행 중이었어요.
정조가 사도세자의 묘를 참배하기 위해 나선 행차를 재현하는 행사래요.
"와, 멋지다!"
강산이와 은하는 화려하고 위풍당당한 행렬에 눈이 휘둥그레졌어요.

경기도

서울을 둘러싸고 있는 경기도의 도시들은 서울의 역할을 나누어 맡고 있고, 농업과 공업이 고루 발달했어요. 경기도에는 서울보다 많은 1300만 명의 인구가 거주하고 있어요.

서울의 역할을 나누는 위성도시

지구를 맴도는 달을 위성이라고 하죠? 서울 주변에 있으면서 서울의 역할을 나누어 맡고 있는 도시들을 위성도시라고 불러요.

서울에 몰려 있었던 많은 사람과 공장, 시설 등이 위성도시로 옮겨 가고 있어요.

인천은 바다 교통과 하늘 교통의 중심지예요!

강산이와 엄마는 호주에 다녀온 고종사촌 지후를 마중하러 인천공항에 가는 길이에요.
지후의 집은 대전인데, 엄마가 지후를 태워서 터미널까지 데려다 주기로 했거든요.
"엄마, 지후 형 도착할 시간 다 되지 않았어요?"
"걱정 마, 강산아. 고모가 그러는데, 지후가 탄 비행기가 시드니에서 늦게 출발했대."
인천 시내로 들어서자 도로에 짐을 가득 실은 트럭이 많이 보였어요.
"웬 트럭이 이렇게 많아요?"
"인천은 예로부터 여러 나라의 배가 드나드는 서해안 제일의 무역항이야.
그래서 물류 이송이 많은 거란다.
지금은 영종도에 인천국제공항이 생기면서 하늘 교통까지 책임지고 있어."
강산이와 엄마가 이야기를 나누는 사이 공항에 다다랐어요.
입국 게이트에서 빠져나오는 사람들 사이에서 강산이는 금세 지후를 발견하고
반갑게 손을 흔들었어요.

인천광역시

옛날 우리나라로 들어오는 서양 문물은 전부 인천을 거쳤어요. 오늘날에는 국제공항이 들어서면서 세계로 통하는 길목이 되었지요. 인천은 철도, 지하철, 고속도로 등 교통이 발달했어요. 또한 크고 작은 섬이 154개나 있지요.

도시가 된 어촌, 영종도

영종도는 원래 물고기를 잡고 살아가던 어촌이었어요.

영종도에 인천국제공항이 생기면서, 도로와 건물이 들어서고 사람들이 모여들었어요.

영종도는 신도시로 발달하게 되었어요.

신도시다!

강화도에서 신나는 갯벌 체험을 해요

"이야! 오늘은 몽실이 보러 가는 날이다!"
은하는 아침부터 신이 났어요.
몽실이는 강산이와 은하가 키우던 강아지인데,
지금은 강화도에 사는 엄마 친구가 보살펴 주고 있어요.
캠핑카가 강화도에 도착하자 몽실이와 함께 마중 나와 있는 아줌마가 보였어요.
"아줌마, 안녕하세요! 몽실아!"
은하가 달려가 몽실이를 번쩍 안아 올렸어요.
"몽실아, 형아도 왔어!"
강산이가 인사하자 몽실이도 반가운 듯 강산이의 손을 핥았어요.

아줌마네 집 근처에는 넓은 갯벌이 펼쳐져 있어요.
강산이네 가족은 아줌마를 따라 갯벌 조개잡이에 나섰어요.
"조개다, 조개! 우아, 게도 있어!"
강산이와 은하는 갯벌에서 조개 캐는 재미에 푹 빠졌어요.
"옛날 강화도는 지금보다 면적이 작았어.
강화도 면적의 3분의 1 정도는 간척 사업을 통해 넓힌 거란다.
그런데 간척 사업을 하면서 갯벌이 점점 줄어들었지.
사람들이 갯벌의 중요성을 알고부터는 갯벌을 보존하려 노력하고 있단다."
강산이와 은하는 아줌마의 말에 고개를 끄덕였어요.

간척지는 바다 주위에 둑을 쌓고 그 안의 물을 빼내 인공적으로 만든 땅이에요. 간척으로 땅을 넓혀 농사를 짓고 공장을 세우기도 해요.

갯벌은 밀물 때는 물에 잠기고, 썰물 때는 드러나는 땅이에요. 영양분이 풍부해서 '바다의 밭'이라고 해요.
갯벌에는 조개, 낙지, 게, 망둑어 등 다양한 생물이 살아요.
또 갯벌 속 미생물들이 바다로 흘러드는 오염물질을 거르고 분해해서 자연을 깨끗하게 만드는 중요한 역할을 해요.

가깝지만 갈 수 없는 북한

오늘은 파주 비무장지대 안에 있는 도라 전망대에 가기로 했어요.
비무장지대는 1953년 남한과 북한이 전쟁을 쉬기로 약속하면서
휴전선 부근에 군대와 무기 등 모든 군사시설의 설치를 금지한 지역을 말해요.
"북한은 중국, 러시아 같은 강대국과 마주하고 있고,
정치적, 군사적으로도 아주 중요한 지역이야."
강산이와 은하는 엄마의 설명을 들으며 망원경으로 북한 쪽을 바라보았어요.
지금은 폐쇄된 개성공단과 송악산이 손에 잡힐 듯 가깝게 보였지요.
강산이는 그날 저녁 일기에 이렇게 적었어요.
'빨리 통일이 돼서 남한과 북한이 평화롭게 오갈 수 있으면 좋겠다.'

북한지역

한반도의 북쪽 지방인 북한은 남으로는 휴전선과 접해 있고, 북으로는 중국, 러시아와 접해 있어요. 공산주의 체제를 유지하고 있고, 인구는 남한의 절반 정도지요.
여름이 짧고 강수량이 적어서 농업은 발달하지 못했지만, 산이 많고 지하 자원이 풍부해요.

중강진 한반도에서 가장 추운 곳

광개토대왕릉비

백두산

함경북도

두만강

나선경제특구 두만강 개발 사업의 하나로 지정한 경제 무역 지대예요.

신의주특별행정구 평양 다음가는 공업 도시로 중국의 자본을 유치해서 만들었어요.

압록강

자강도

양강도

함경남도

평안북도

청천강

함흥냉면

평양냉면

평안남도

평양직할시 북한의 수도

남포특별시

대동강

황해북도

강원도

금강산관광특구

황해남도

동명왕릉

개성공업단지 2000년 남북이 협력하여 조성했는데, 2016년 2월에 폐쇄되었어요.

선죽교

강원도 산지촌에서 고랭지 채소를 재배해요

10월 마지막 주말, 강산이네 캠핑카는 강원도 설악 야영장으로 향하는 길이에요.
험하고 구불구불한 산등성이를 올라가려니 차가 이리저리 흔들렸어요.
은하는 멀미가 나서 창문을 활짝 열었는데, 눈앞에 푸른 풍경이 펼쳐졌어요.
"엄마, 산 위에 배추밭이 있어요!"
"아, 고랭지 배추구나. 강원도 산지촌에서는 고랭지 채소를 많이 재배하지.
지대가 높아 여름철에도 서늘한 산지에서 키운 채소를 고랭지 채소라고 한단다.
우리도 다음 달엔 고랭지 배추 사다가 김장해야겠다."
"갓 담근 김치에 돼지고기 수육을 곁들여 먹으면 캬아! 군침 도네."
아저씨 같은 강산이의 너스레에 엄마와 은하는 웃음이 터졌어요.

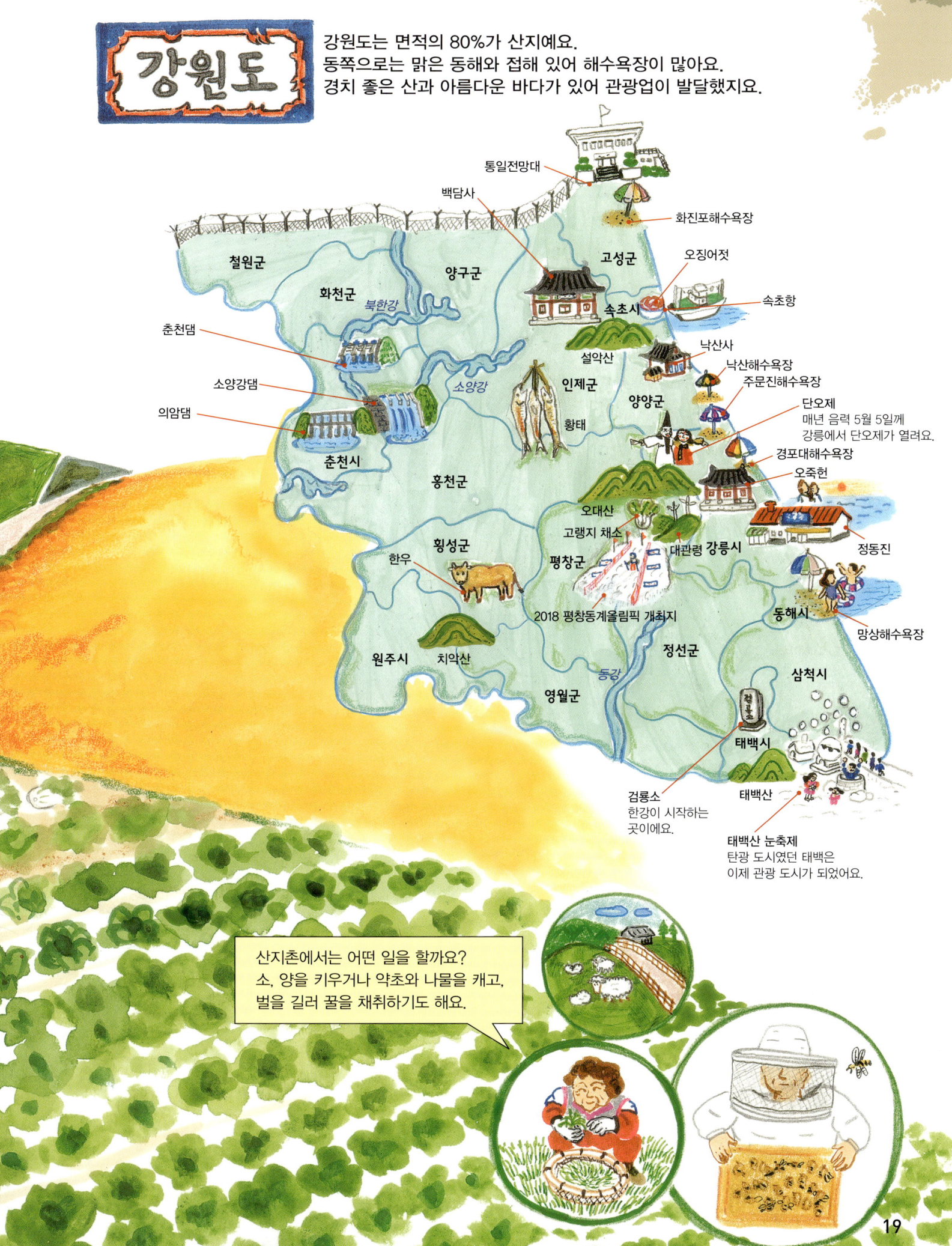

한반도를 가로지르는 산줄기, 백두대간

설악 야영장에 도착한 강산이네 가족은 간단한 짐을 챙겨 설악산 등반에 나섰어요.
산을 제법 올라 본 강산이와 은하도 가파른 산길이 계속 이어지자 지치고 말았어요.
"엄마, 천천히 가요. 너무 힘들어요, 헉헉."
"설악산의 '악'이 크고 험한 산이라는 뜻이거든. 포기하지 말고 조금만 더 힘내자!"
엄마가 강산이와 은하를 격려했어요.
"한반도의 북쪽 백두산에서 시작해 지리산까지
이어진 산줄기를 백두대간이라고 부른단다.
백두대간은 한반도의 허리뼈인 셈이지."
다 같이 힘을 내서 발길을 옮기다 보니
어느새 정상에 다다랐어요.
눈부시도록 아름다운 풍경이
강산이네 가족을 맞아 주었지요.

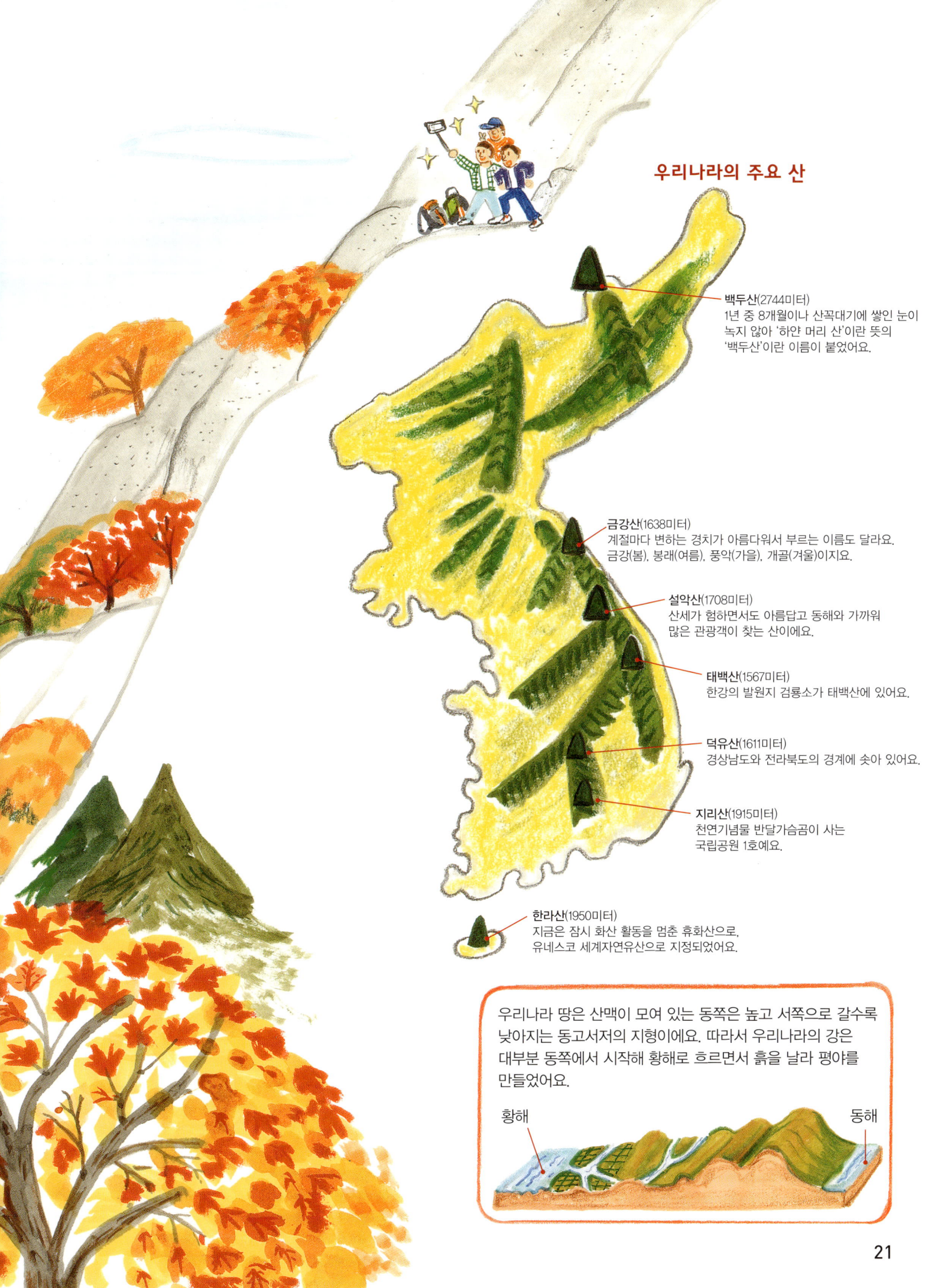

우리나라의 주요 산

백두산(2744미터)
1년 중 8개월이나 산꼭대기에 쌓인 눈이 녹지 않아 '하얀 머리 산'이란 뜻의 '백두산'이란 이름이 붙었어요.

금강산(1638미터)
계절마다 변하는 경치가 아름다워서 부르는 이름도 달라요. 금강(봄), 봉래(여름), 풍악(가을), 개골(겨울)이지요.

설악산(1708미터)
산세가 험하면서도 아름답고 동해와 가까워 많은 관광객이 찾는 산이에요.

태백산(1567미터)
한강의 발원지 검룡소가 태백산에 있어요.

덕유산(1611미터)
경상남도와 전라북도의 경계에 솟아 있어요.

지리산(1915미터)
천연기념물 반달가슴곰이 사는 국립공원 1호예요.

한라산(1950미터)
지금은 잠시 화산 활동을 멈춘 휴화산으로, 유네스코 세계자연유산으로 지정되었어요.

우리나라 땅은 산맥이 모여 있는 동쪽은 높고 서쪽으로 갈수록 낮아지는 동고서저의 지형이에요. 따라서 우리나라의 강은 대부분 동쪽에서 시작해 황해로 흐르면서 흙을 날라 평야를 만들었어요.

황해   동해

물이 맑고 깊은 동해에 왔어요!

설악 야영장에서 하룻밤을 보낸 강산이네 가족은
다음 날 낙산해수욕장으로 향했어요.
"엄마, 보세요! 물이 진짜 맑아요!"
강산이가 바다를 보고 감탄했어요.
"바다 밑의 모래가 하얗고, 물도 깊어서 그래.
태백산맥에서부터 강을 타고 내려온 모래들이 여기 동해에 쌓여서
모래사장이 넓단다. 그래서 동해에는 해수욕장이 많아."
엄마가 길게 뻗은 모래사장을 가리키며 말했어요.
"여름에 왔으면 바닷물에 풍덩 뛰어들 텐데……."
은하가 아쉬워하자 강산이의 장난기가 발동했어요.
"누나, 지금도 괜찮다면 내가 바닷물에 풍덩 던져 줄까?"
은하가 눈을 흘기자 강산이는 혀를 쏙 내밀고 달아났어요.

동해
한반도 삼면의 바다 가운데 가장 깊고 맑아요. 해안선이 단조롭고 모래가 고와 해수욕장이 많아요.

댐이 골짜기를 호수로 바꾸었어요

다음 목적지는 춘천이에요.
낙산에서 회를 먹고 출발했는데
차를 타고 달리는 사이 금세 배가 고파졌어요.
"누나, 휴게소에서 햄버거 하나 먹을까?"
"무슨 소리야. 춘천 닭갈비가 우리를 기다리는데."
"그럼! 은하가 뭘 좀 아는구나.
춘천 닭갈비랑 햄버거는 비교가 안 되지."
엄마가 맞장구쳤어요.
춘천에 도착한 강산이네는 푸짐한 닭갈비를 맛있게 먹었어요.

댐은 왜 만들까요?

우리나라는 일 년 동안 내리는 비의 절반 이상이 여름에 내려요.

댐은 물을 가두어 홍수가 나지 않게 조절해요.

댐에 모아 둔 물은 필요할 때 사용해요.

식사 후 강산이네 가족이 들른 곳은 소양강댐이었어요.
댐의 문이 열리자, 물이 천둥 같은 소리를 내며
콸콸 쏟아져 내렸어요.
"우아! 아이맥스 영화 같다!"
"멋지지? 소양강의 물길을 막아 소양강댐을
건설하면서 생긴 호수가 바로 소양호야.
춘천은 댐 건설로 생긴 소양호, 의암호,
춘천호가 있는 '호수의 도시'로 유명하지."
강산이는 산과 바다와 호수가 어우러진
강원도의 참모습을 만난 것 같았어요.

우리나라의 주요 댐

황해는 해안선이 들쑥날쑥해요

토요일 아침, 강산이는 눈이 번쩍 뜨여 자리에서 일어났어요.
금강수목원에서 지후 형을 만날 생각에 들떠 있었거든요.
"지후랑은 저녁에 만나기로 했으니까 먼저 태안에 들렀다 가자."
엄마가 캠핑카에 시동을 걸며 말했어요.
아침 일찍 서두른 덕에 정오 전에 충청남도 태안에 도착했어요.
강산이네는 간장 게장에 밥 한 공기씩 뚝딱 먹고 태안의 해변을 산책했지요.
"우리나라의 서해와 남해처럼 해안선이 들쑥날쑥 복잡한 곳을
리아스식 해안이라고 해."
"바닷물 색깔이 동해와는 다른 것 같아요."
은하가 말하자 엄마가 찬찬히 설명해 주었어요.
"서해는 중국의 강에서 흘러 들어오는 흙 때문에 물이 탁해.
그래서 누런 바다라는 뜻으로 '누를 황(黃)' 자를 써서 황해라고 부른단다."

> 황해의 어촌에서는 갯벌에서 바지락, 꼬막, 낙지 등을 잡고, 염전에서 소금을 만들기도 해요.

황해
평균 수심이 1600미터인 동해에 비해, 황해는 평균 수심이 40미터로 훨씬 얕아요. 한강과 금강 등 큰 강이 흙을 나르며 황해로 흘러들기 때문이지요.

충청 남북도는 방향으로 따지면 서쪽과 동쪽에 있지만 다른 지역과 이름을 맞추느라 충청남도와 충청북도가 되었어요. 충청남도는 지대가 낮고 평평하며, 황해와 접해 있어 갯벌이 발달했어요.

태안반도
황해로 튀어나온 반도로, 태안군, 서산시, 당진시, 예산군이 속해 있어요.

- 태안군
- 마늘
- 당진시
- 굴
- 온양온천
- 독립기념관
- 호두
- 서산시
- 예산군
- 아산시
- 천안시
- 꽃게

천수만
태안반도 아래에 있는 좁고 긴 만으로, 매년 철새들이 찾아와요. 만은 육지 쪽으로 바다가 파고든 곳을 뜻해요.

- 안면도
- 꽃지해수욕장
- 대천해수욕장
- 홍성군
- 고추
- 청양군
- 칠갑산
- 밤
- 공주시
- 무령왕릉
  백제 25대 왕인 무령왕과 왕비의 무덤이에요.
- 금강
- 계룡산
- 계룡시
- 보령시
- 보령 머드축제
- 부여군
- 논산시
- 금산군
- 서천군
- 한산모시
- 낙화암
- 강경포구
  젓갈이 유명해요.
- 금산 인삼축제

리아스식 해안
오랜 시간 동안 물에 의해 육지가 깎이면서 해안선이 들쭉날쭉한 리아스식 해안이 만들어졌어요.

동해와 황해
우리나라는 국제사회에 '동해'라는 이름을 '유라시아 대륙의 동쪽에 위치한 바다'라는 뜻으로 알리고 있어요. 일본이 주장하는 '일본해'에 반박하기 위해서지요. 동해가 '한반도의 동쪽 바다'라는 축소된 의미가 아니기 때문에 서해 역시 국제적인 공식 명칭을 '황해'로 쓰고 있답니다. 하지만 우리끼리는 일반적으로 서해라는 이름을 흔히 쓰지요.

정부 기관을 옮긴 세종시와 교통의 중심지인 대전

태안에서 출발한 강산이네 캠핑카는 금강수목원이 있는 세종시에 도착했어요.
"새로 지은 멋진 건물들이 많네요."
강산이가 창밖을 내다보며 말했어요.
"정부세종청사야. 수도권과 지방 도시들을 고루 발전시키기 위해 정부가 세종시를 만들고 정부 기관을 이곳으로 옮겼단다."
엄마의 설명에 강산이와 은하가 고개를 끄덕였어요.
그때 휴대폰이 울려서 은하가 엄마 대신 전화를 받았어요.
"응, 지후 오빠. 금강수목원에 도착했다고? 알겠어. 우리도 다 왔어."
은하가 전화를 끊더니 말했어요.
"대전에서 출발한 지후 오빠가 우리보다 먼저 도착했네요. 좀 아까 출발했다는데."
"대전에서 금강수목원까지는 금방이지. 지후가 사는 대전은 우리나라의 주요 철도와 고속도로가 연결되어 있는 교통의 중심지이기도 해."

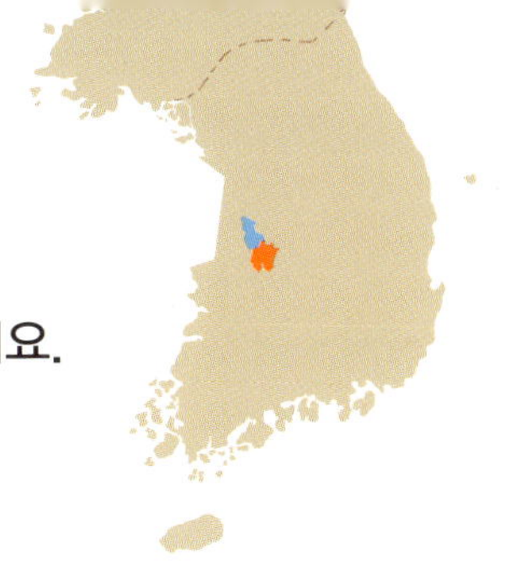

세종특별자치시

오랜 준비 끝에 2012년 정부의 여러 기관을 충청도로 옮기면서 세종특별자치시가 만들어졌어요.

비암사 극락보전
통일신라 말기에 지어진 절 비암사에 있는 불당으로, 세종특별자치시 유형문화재 제1호로 지정되었어요.

행정중심복합도시
국무총리실, 기획재정부 등 정부 중앙기관 16개가 이곳에 있어요. 공무원 1만 3,000명이 근무해요.

문절사
사육신 중 한 명인 성삼문을 모신 절이에요.

소정면, 문주산성, 전동면, 연기대첩비공원, 전의면, 조치원읍, 연서면, 연동면, 연기면, 부강면, 장군면, 어진동 외, 반곡동 외, 금남면, 금강수목원, 금강

대전광역시

대덕연구단지와 한국과학기술원(KAIST)이 있는 대표적인 과학 도시예요.

대덕연구단지
우리나라를 대표하는 과학기술 연구단지예요.

엑스포과학공원
1993년 대전 엑스포가 끝난 뒤 만들어진 과학 테마 공원이에요.

국립중앙과학관
1990년 문을 연 과학 전문 전시관이에요. 각종 과학 자료와 천체 관측, 자연사 자료를 볼 수 있어요.

대전역

한국과학기술원(KAIST)
1971년 개교한 과학기술 특수대학이에요.

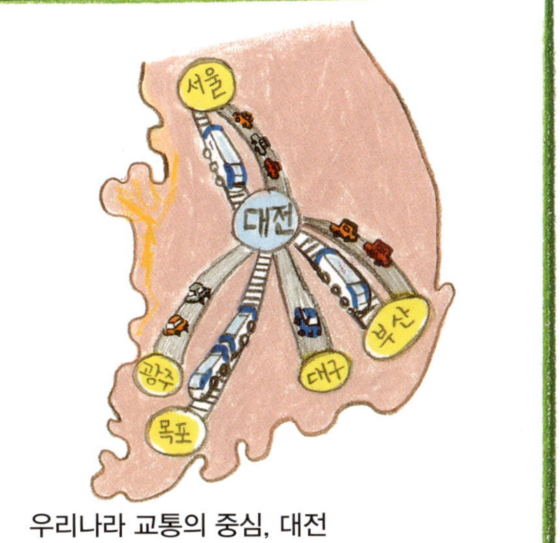

금강, 대청호, 대덕구, 유성구, 서구, 중구, 동구

우리나라 교통의 중심, 대전
우리나라의 주요 철도와 도로가 거의 대전을 거쳐 가요. 전국을 원활하게 연결하는 교통의 요지이지요.

서울, 대전, 부산, 대구, 광주, 목포

사람들은 오래전부터 강을 중심으로 모여 살았어요

"강산아, 은하야! 외숙모도 안녕하셨어요?"
먼저 도착해 있던 지후가 큰 소리로 인사했어요.
"지후 혼자서도 잘 왔구나. 다 컸네."
"저도 이제 6학년인걸요, 헤헤헤. 금강수목원은 전에도 와 본 적 있고요."
오랜만에 만난 세 아이들은 수목원 안을 종횡무진 누비고 다녔어요.
저녁을 먹고 어둠이 깊어지자 밤하늘에 달과 별이 유난히 밝게 빛났어요.
달빛을 머금은 강물이 평온한 은빛으로 빛났지요.
"사람들은 예로부터 식수와 농업용수를 얻기 쉬운 큰 강을 중심으로 모여 살았어.
지금 우리가 보는 금강은 이 지역 사람들의 오랜 터전이란다."

우리나라의 주요 강

압록강(790킬로미터)
우리나라에서 가장 긴 강이에요.

대동강(439킬로미터)
북한의 서북지대를 흐르며 평양을 지나는 강이에요.

금강(398킬로미터)
전라도에서 생산한 농산물을 서울로 실어 나르던 뱃길이었어요.

섬진강(224킬로미터)
강폭이 좁고 수심이 낮으며 유속이 느려요. 강가의 모래가 곱기로 유명해요.

백두산

두만강(521킬로미터)
북한, 중국, 러시아의 국경을 흐르는 강으로, 동해로 흘러들어요.

한강(494킬로미터)
북한강과 남한강이 양평 두물머리에서 만나 서울을 거쳐 황해로 흘러드는 강이에요.

낙동강(510킬로미터)
태백시 함백산에서 시작하여 남해로 흘러드는 강이에요.

충주에는 삼국 시대 유적이 많아요

다음 날, 금강수목원에서 상쾌한 아침을 맞은 강산이네는 충주로 향했어요.
충청북도에 위치한 충주는 사과가 유명하고, 삼국 시대 유적이 많은 도시예요.
"애들아, 삼국 시대에는 백제, 신라, 고구려가 서로 충주를 차지하려고 싸웠어.
충주는 남한강이 흐르는 중요한 곳이었거든. 자, 중원 미륵리사지에 도착했습니다."
엄마가 여행 가이드처럼 말했어요. 사지는 절터라는 뜻이지요.
돌로 쌓아 만든 벽체 안에 석불이 있고, 그 앞에 석탑이 우뚝 서 있었어요.
신라의 마지막 왕자인 마의태자가 나라를 잃은 슬픔을
위로받고자 이곳에 절을 지었다는 전설이 있어요.
"이런 오래된 유적을 보면 괜히 뭉클해지는 것 같아.
아마도 난 전생에 나라 잃은 왕자가 아니었을까?"
지후의 사뭇 진지한 농담에 다들 웃음을 터뜨렸어요.

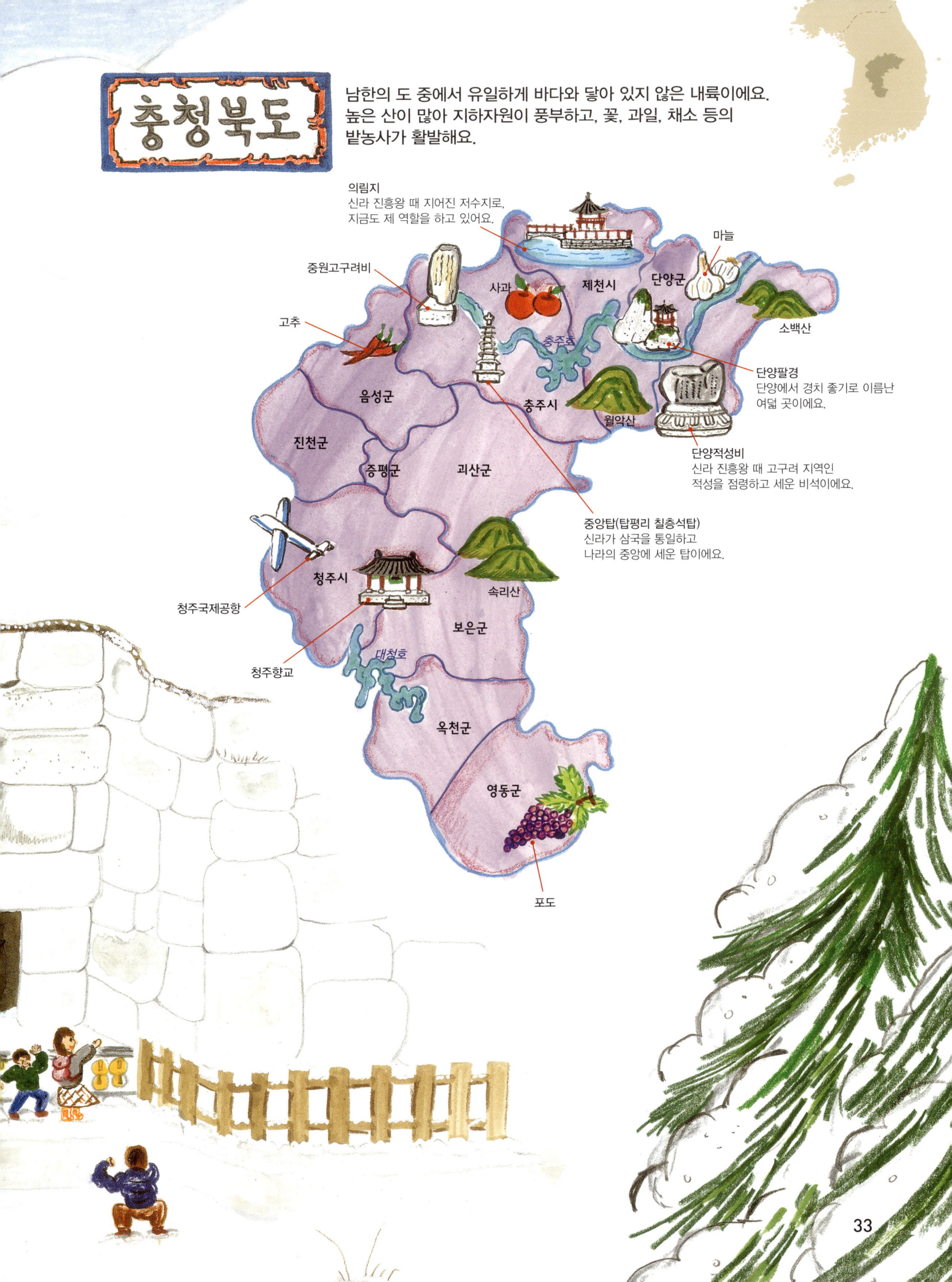

전주 한옥마을을 거닐며 봄을 느껴요

긴 겨울이 끝나고, 꽃샘추위도 지나고, 활기 넘치는 5월이 왔어요.
지난 12월 충청도에 다녀온 뒤로, 강산이네 캠핑카는 오랜만에 시동을 걸었어요.
"이번 여행은 전라도 맛집 탐방이다!"
강산이네는 전주의 유명 관광지인 한옥마을에 도착했어요.
"전주는 조선 시대 문화가 잘 보전된 곳이야.
해마다 판소리와 농악 등 전통 민속 예술을 겨루는 전주 대사습놀이도 열리지."
강산이와 은하는 엄마의 얘기를 들으면서 아름다운 한옥마을의 정취에 푹 빠졌어요.
한옥마을 곳곳에 비빔밥, 콩나물해장국, 칼국수, 떡갈비 등 먹거리가 풍성했어요.
강산이네는 이름난 맛집에서 비빔밥을 먹고, 후식으로 딸기잼이 든 초코파이도 먹었어요.
"왜 음식 하면 전라도를 꼽는지 알겠어요. 음식 맛이 예술이에요!"
강산이가 엄지손가락을 번쩍 세웠지요.

전라북도

우리나라에서 농경지의 비율이 가장 높아서 옛날부터 농업이 매우 발달했어요. 서해안고속도로가 개통되고 군산에 항만이 건설되면서, 공업도 빠르게 발달하고 있어요.

- **호남평야**: 익산에서 고창에 이르기까지 넓게 펼쳐져 있어요.
- **미륵사지석탑**: 백제 말기에 세워진 석탑이에요.
- 군산산업단지
- 새만금방조제
- 김제 지평선축제
- 용담댐
- 새만금간척지
- 전주 한옥마을
- 채석강 해안절벽
- 벽골제
- 한지
- 전주 대사습놀이
- 변산반도국립공원
- 덕유산
- 복분자
- 섬진강댐
- **고창 고인돌**: 2000여 개의 고인돌이 모여 있어요.
- 내장산
- 고추장
- 광한루
- 지리산

주요 지역: 익산시, 군산시, 완주군, 진안군, 무주군, 김제시, 전주시, 부안군, 정읍시, 임실군, 장수군, 고창군, 순창군, 남원시

강: 만경강, 동진강, 섬진강, 금강

우리나라 최대의 평야, 호남평야

"전라도 음식이 맛있는 이유 중 하나는 아마도 쌀이 좋아서일 거야.
우리나라에서 가장 큰 평야인 호남평야가 전라북도의 서쪽에 넓게 펼쳐져 있는데,
흙에 양분이 많고 물도 풍부해서 농사짓기에 아주 좋단다."
엄마가 운전을 하며 말했어요.
강산이네 가족은 캠핑카로 한 시간 남짓 달려서 전주의 옆 도시 김제에 도착했어요.
"산이 많은 우리나라에서 호남평야는 유일하게 지평선을 볼 수 있는 곳이야."

호남평야
전라북도 넓이의 3분의 1을 차지하는 호남평야는 우리나라에서 가장 넓은 평야예요. 만경강과 동진강을 끼고 발달해 있어요.

"정말 사방이 탁 트였네요!"
"우리나라 최초의 저수지인 벽골제가 여기 김제에 있어. 무려 1200년 전에 만들어진 저수지란다."
"옛날 사람들도 저수지에 물을 가두어 농사를 지었다니 참 신기해요."
강산이와 은하는 옛사람들의 지혜에 새삼 감탄했어요.

우리나라의 주요 평야

우리나라의 평야는
주로 서쪽에 큰 강을 따라
펼쳐져 있어요.

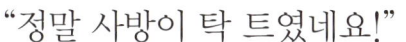

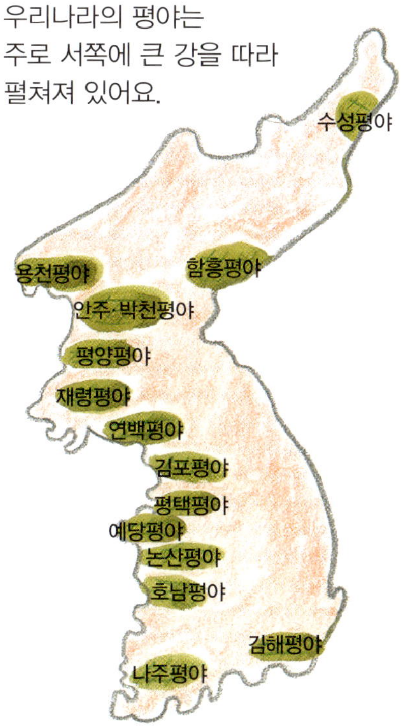
수성평야
용천평야
함흥평야
안주·박천평야
평양평야
재령평야
연백평야
김포평야
평택평야
예당평야
논산평야
호남평야
김해평야
나주평야

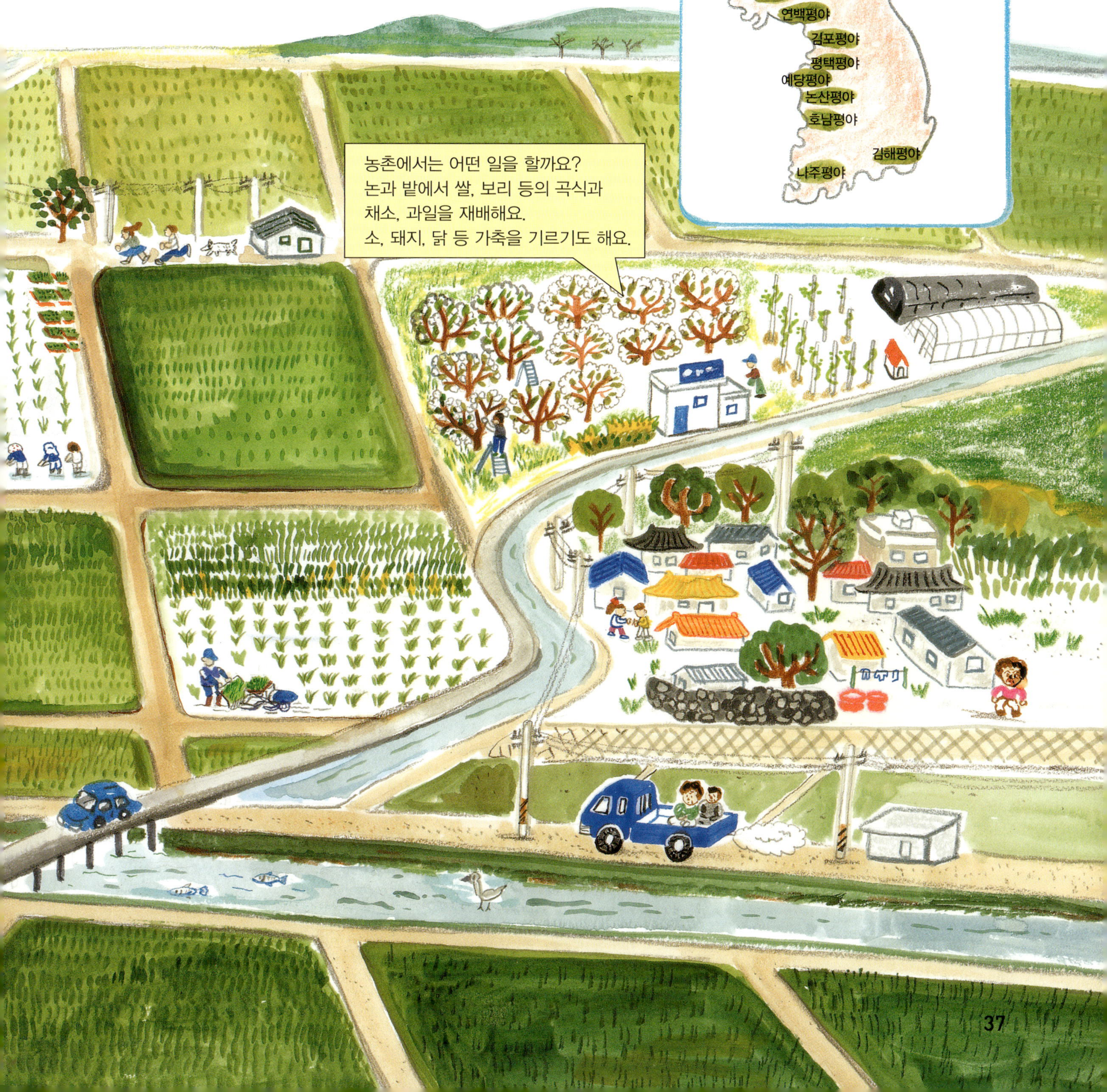
농촌에서는 어떤 일을 할까요?
논과 밭에서 쌀, 보리 등의 곡식과
채소, 과일을 재배해요.
소, 돼지, 닭 등 가축을 기르기도 해요.

광주는 예술의 도시예요

이번 캠핑 장소는 삼촌이 사는 광주예요.
대학에서 미술을 전공한 삼촌은 예술가 친구들과 광주에서 작품을 만들고 있어요.
강산이네는 캠핑장에 가기 전에 삼촌을 만나 점심을 먹기로 했지요.
"은하랑 강산이, 오랜만이다. 형수님도 좋아 보이세요. 하하하!"
삼촌이 사람 좋은 너털웃음을 쳤어요.
"삼촌, 광주는 뭐가 유명해요?"
은하가 밥을 먹으면서 삼촌에게 물었어요.
"광주를 '예향'이라고들 한단다. '예술의 고향'이란 뜻이지.
예로부터 뛰어난 예술가가 광주에서 많이 나왔거든.
1995년부터는 2년마다 한 번씩 광주비엔날레라는
국제 예술 행사도 열린단다."

광주광역시

전라도의 대표 도시로, 나라에 위기가 있을 때마다 적극적으로 나선 지역이기도 해요. 일제 강점기에는 많은 독립운동가를 배출했고, 1980년 독재에 반대하여 민주주의를 지키기 위해 5·18 민주화운동이 일어나기도 했지요.

- 광주첨단과학산업단지
- 국립 5·18 민주묘지
- 영산강
- 북구
- 광주비엔날레 전시관
- 광산구
- 광주역
- 황룡강
- 광주월드컵경기장
- 광주공항
- 서구
- 무등산: 여름에 습기를 많이 머금은 공기가 무등산에 부딪히면서 비가 많이 와요.
- 동구
- 무등산 수박
- 남구
- 광주학생독립운동 기념비
- 광주칠석 고싸움놀이: 광주 칠석마을에 전하는 민속놀이로, 무형문화재로 지정되었어요.
- 송암산업단지: 자동차 정비와 화학 공업 업체가 모여 있어요.

"형수님, 광주에 오니 서울에 있을 때보다 작업이 잘돼요.
무등산 덕분인가 봐요, 하하!"
"무등산이 왜요?"
강산이가 되물었어요.
"광주에는 무등산의 특별한 정기가 흐른다는 얘기가 있거든.
참, 무등산은 수박이 유명한데 지금은 철이 아니라서 아쉽구나.
8월 말에서 9월 초에 수확하니까 삼촌이 그때 꼭 택배로 보내 줄게."
은하와 강산이는 임금님에게 진상했다는 무등산 수박 맛이 무척이나 궁금했지요.

우리나라의 특산물

특산물은 그 지역에서만 나는 특별한 생산품이에요. 우리나라 각 지역의 특산물을 알아볼까요?

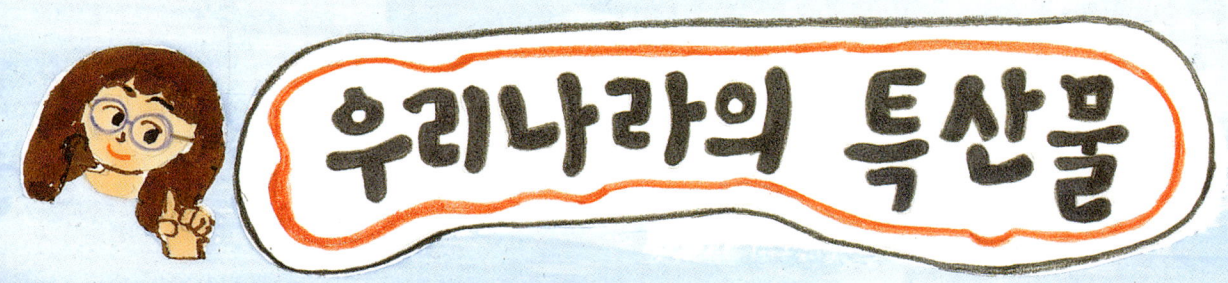

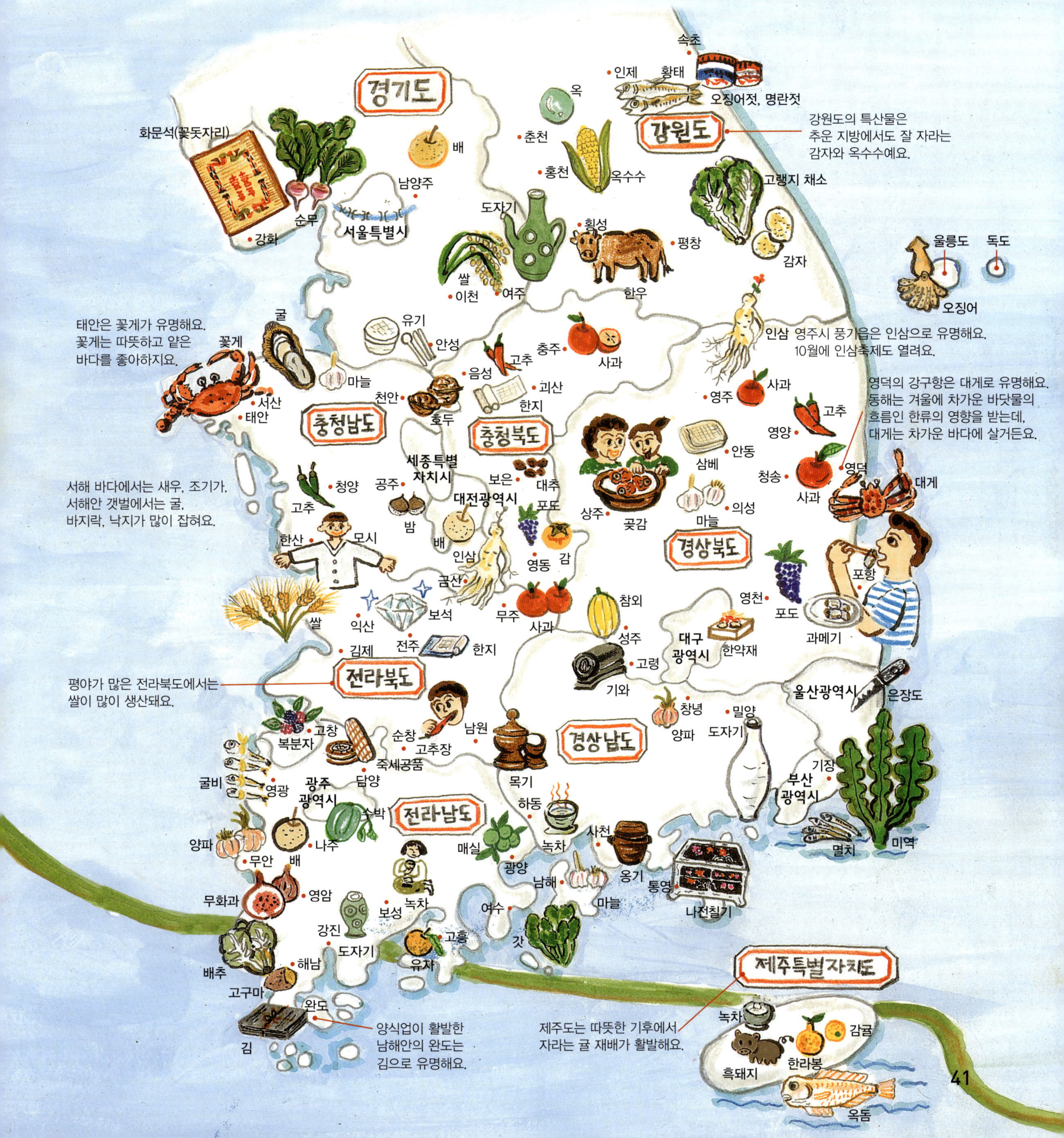

완도에서 장보고축제를 즐겨요

5월에는 전국 각지에서 재미있는 축제가 많이 열려요.
"얘들아, 우리 이번에는 장보고수산물축제가 열리는 완도로 가 볼까?"
장보고는 신라 시대 장군인데, 완도 앞바다에 해군기지인 청해진을 세우고
일본과 중국 사이에서 우리나라 무역을 크게 키웠대요.
완도에 도착하자 흥겨운 축제 분위기가 한창이었어요.
"맨손 물고기 잡기 대회래요! 저 해 볼래요!"
강산이는 물속으로 뛰어들어 첨벙첨벙 신나게 물고기를 쫓아다녔어요.
엄마와 은하는 전통 방식으로 김을 만드는 체험을 했어요.
"엄마가 너희 낳았을 때 완도 김이랑 미역을 그렇게 많이 먹었단다."
"그래서 강산이랑 내가 해산물을 좋아하나 봐요."

남해 어촌에서는 바다에서 물고기를 잡고, 김과 전복 등을 기르는 양식업을 해요.

남해는 섬이 많아 다도해래요

강산이네는 완도에서 배로 한 시간쯤 달려 청산도로 갔어요.
청산도는 영화 〈서편제〉의 촬영지로 유명한 아름다운 섬으로,
다도해 해상국립공원 안에 있어요.
전라남도 홍도에서 여수시 돌산면에 이르는 지역을 8개로 나누어 묶어
국립공원으로 지정해 놓은 곳이 바로 다도해 해상국립공원이지요.

"이 지역을 다도해라고 하는데, 다도해란 '섬이 많은 바다'라는 뜻이야. 전라남도 앞바다에 1900개 정도, 경상남도 앞바다에 400개 정도의 섬이 있단다. 정말 엄청나지?"
"우아! 그 섬에 다 가 보려면 도대체 얼마나 걸릴까요?"
강산이다운 엉뚱한 상상에 엄마는 빙그레 미소를 지었어요.

다도해의 섬들은 원래 육지였어요. 아주 오래전 바다가 높아지면서 섬이 되었지요.

고금도

조약도

신지도

명사십리해수욕장

소만도

완도
신라 시대에 장보고가 이곳에 청해진을 설치하고 해상권을 장악했어요. 현재 완도는 농업과 어업이 고루 발달했어요.

남해
남해도 황해처럼 리아스식 해안이에요. 들쑥날쑥한 해안선이 갯벌, 자갈밭, 바위 절벽, 해수욕장 등 다채로운 환경을 만들어 주지요. 남해에는 다양한 어종이 서식하고, 일찍부터 양식업이 발달했어요.

청산도
'사시사철 푸른 섬'이라는 뜻의 청산도는 빼어난 경치로 유명해요.

포항은 세계적인 공업 도시예요

여름방학을 맞아 강산이네는 경상북도와 대구, 울산, 부산을 여행하기로 했어요.
여행 첫날, 캠핑카는 강산이네 이모가 사는 포항에 도착했어요.
오랜만에 만난 이모와 이모부가 강산이네 가족을 반갑게 맞아 주었지요.
"이모부, 저기가 이모부 일하시는 곳이에요?"
식당 가는 길에 은하가 멀리 보이는 제철소를 가리키며 물었어요.
"맞아. 이모부가 15년째 몸담고 있는 일터란다. '철은 산업의 쌀'이라는 말 들어 봤니?
쌀이 있어야 밥을 짓듯이, 철이 있어야 자동차도 만들고 배도 만들지.
철을 만드는 원료를 배로 수입하기 때문에
포항이나 울산처럼 배가 드나들기 좋은 곳에 중공업이 발달했단다."

경상북도

남한의 도 가운데 가장 넓어요. 신라의 수도였던 경주, 조선 시대 양반 마을이었던 안동 등 문화유산을 잘 간직한 도시들이 많이 있어요.

울릉도
화산섬으로, 한가운데 성인봉(984미터)이 우뚝 솟아 있어요. 겨울에는 눈이 많이 내려요.

울릉군

독도
울릉군에 속한 섬으로 우리나라 동쪽 끝에 있어요. 주변 바다에 자원이 풍부해 일본이 자꾸만 넘보고 있지요.

하회마을
조선 시대 고택과 서원의 모습이 그대로 보존되어 있어요. 민속 가면극인 하회별신굿 탈놀이가 전해 내려와요.

인삼
소백산
봉화군
울진군
문경새재
소수서원
영주시
문경시
예천군
속리산
도산서원
영양군
상주시
낙동강
안동시
곶감
대게
의성군
마늘
청송군
영덕군
영덕 대게축제

호미곶
해돋이 명소로 유명해요. 호미는 '호랑이 꼬리'라는 뜻이고, 곶은 바다로 튀어나온 육지를 말해요.

구미시
군위군
포항시
김천시
구미공단
칠곡군
성주군
낙동강
참외
영천시
대구광역시
포항제철소
고령군
경산시
보문관광단지
가야고분
경주시
청도군
불국사
청도 소싸움축제

경주
신라의 수도로 불국사, 석굴암 등 다양한 문화 유적을 볼 수 있어요.

교통이 편리한 곳에 공업지역이 발달했어요

항구와 공항이 가까운 곳
항구나 공항 근처에 공장을 지어야 다른 나라와 물건을 사고 팔기가 쉬워요.

철도와 도로 이용이 편리한 곳
공장에서 생산된 물건을 전국 각지에 보내려면 철도와 도로 이용이 편리해야 해요.

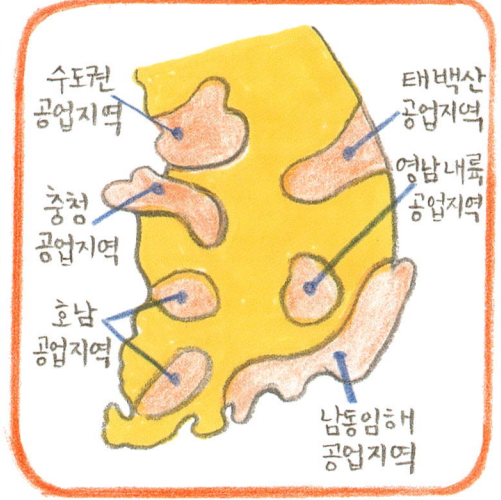

수도권 공업지역
태백산 공업지역
영남내륙 공업지역
충청 공업지역
호남 공업지역
남동임해 공업지역

울릉도 오징어 사이소!

"포항에 살면서 울릉도를 아직 못 가 봤는데,
조카들 덕분에 가 보는구나. 호호!"
다음 날, 울릉도로 향하는 배에 오른
이모와 이모부는 아이처럼 즐거워했어요.
"다 왔어요! 와, 울릉도다!
울라울라, 울라울라~"
강산이가 장난스럽게 춤을 추었어요.
"울릉도에 왔으니 오징어회 맛을 봐야지.
따뜻한 물과 차가운 물이 만나는
울릉도 앞바다에는 오징어의 먹이인
플랑크톤이 풍부해서 오징어가 많이 잡혀.
오징어는 빛을 좋아해서 밤바다에서
환한 조명을 밝히고 잡는단다."
엄마가 말했어요.

누가 뭐래도 우리 땅, 독도!

오징어회를 맛있게 먹고, 독도행 배를 탔어요.
울릉도에서 배로 한 시간 반 정도 가다 보니,
괭이갈매기들이 반기는 작은 섬 독도가 나타났어요.
독도 주변은 파도가 심해서 1년 중 기상 조건이 허락하는
50여 일 정도만 배를 댈 수 있는데, 강산이네는 정말 운이 좋았지요.
"그 누가 아무리 자기네 땅이라 우겨도 독도는 우리 땅, 우리 땅!"
은하와 강산이, 엄마까지 절로 노래가 나왔어요.
30분 남짓 독도를 구경하고, 독도 경비대원들의 배웅을 받으며 배에 올랐어요.
'독도야, 힘내. 우리가 지켜 줄게!'
강산이는 마음속으로 힘차게 독도를 응원했어요.

대구는 사방이 산으로 둘러싸여 있어요

이모, 이모부와 헤어진 강산이네는 대구에 도착했어요.
"으악, 더워!"
강산이와 은하는 대구의 찌는 더위에 깜짝 놀랐어요.
"대구의 여름을 겪어 보지 않은 자, 더위를 논하지 말라!
대구는 30도 넘는 날이 연평균 56일이나 되는 우리나라에서 가장 더운 도시 중 하나야.
동서남북 사방이 산으로 둘러싸인 내륙의 분지라서 여름엔 덥고, 겨울엔 춥지.
하지만 1990년대부터 꾸준히 나무 심기 캠페인을 해서
최근 여름 기온을 낮추는 효과를 얻고 있다고 해."
엄마의 설명을 듣는 사이 대구 약령시장에 접어들었어요.
"산이 많아 좋은 한약재를 구하기 쉽기 때문에 350년 된 약재 시장이 대구에 있단다."
"으, 한약 냄새! 아이스크림에서 왠지 한약 맛이 나는 것 같아요."
"엄마, 나강산 오버 좀 못 하게 하는 약 없을까요?"

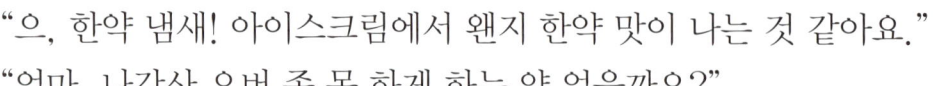

대구광역시

경상북도 최대의 도시 대구는 '넓은 들'이라는 뜻의 '달구벌'이라고도 불려요. 한때 섬유와 사과가 유명했지만 지금은 한방의료사업과 포도의 도시지요.

- 대구공업단지
- 북구
- 팔공산
- 동구
- 대구국제공항
- 성산
- 달성군
- 약령시장
- 대구역
- 서구
- 중구
- 금호강
- 수성구
- 남구
- 대구스타디움
- 달서구
- 낙동강
- 달성군
- 연근
- 포도
- 병풍산
- 비슬산

분지에 위치한 대구
사방이 산으로 둘러싸이고 평야보다 높은 땅에 위치한 평지를 분지라고 해요. 여름과 겨울의 기온차가 큰 기후적 특징이 나타나요.

우리나라 산업의 수도, 울산

강산이네는 오후 늦게 대구를 출발하여 울산으로 향했어요.
울산에 도착했을 때는 어둠이 내려앉아 밤 풍경이 펼쳐졌지요.
"불빛이 많네요. 울산도 꽤 큰 도시인가 봐요."
은하의 말에 엄마가 답했어요.
"맞아. 우리나라 여섯 개 광역시 중 하나거든. 광역시는 도와 동급의 행정 구역이란다.
울산에는 울산항이라는 큰 항구가 있어서 공업이 발달했고,
일자리가 많고 교통도 발달해서 살기 좋은 도시지."

울산광역시

대한민국 최대의 중공업 도시예요. 1960년대 후반에 자동차공업과 석유화학공업 단지가 들어섰고, 1970년대에 배를 만드는 조선소가 건설되면서 공업 도시로서의 모습을 갖추었어요.

반구대 바위그림
선사 시대 유적으로 고래, 멧돼지 등 여러 동물을 사냥하는 사람의 모습이 그려져 있어요.

은장도
호신용으로 몸에 지니는, 은으로 장식한 작은 칼이에요. 은장도 제작 전통 기술이 이 지역에 전해 내려와요.

- 북구
- 울산공항
- 태화강
- 중구
- 현대자동차 울산공장
- 신불산
- 울산 고래축제
- 울주군
- 남구
- 동구
- 울산조선소
- 울산공업단지

울산항
우리나라에서 가장 활발한 공업 항구예요.

간절곶
우리나라에서 가장 먼저 해가 뜨는 모습을 볼 수 있어요.

어떤 도시가 광역시가 될까요?

현재 대한민국에는 6개의 광역시가 있어요.
- 인천
- 대전
- 광주
- 대구
- 울산
- 부산

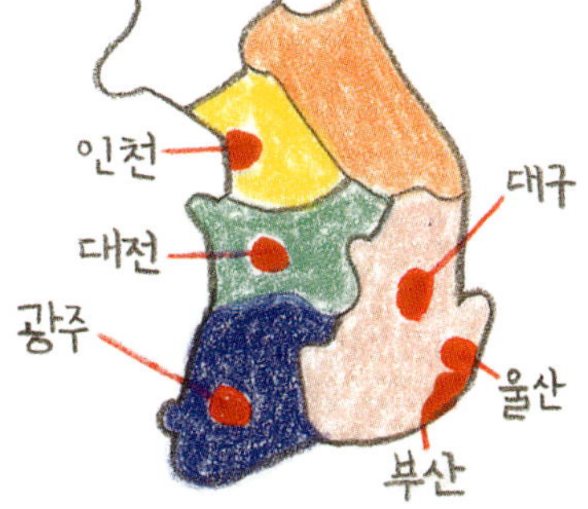

광역시는 인구가 100만 명이 넘는 대도시예요.

또한 각종 산업과 교통이 발달하여 주민들이 도시 안에서 거의 모든 생활 편의를 누릴 수 있어요.

우리나라 제1의 항구 도시, 부산

다음 날 울산을 출발한 캠핑카는 부산에 도착했어요.
"와, 항구가 진짜 크다!"
은하가 차창 밖으로 부산항을 바라보며 감탄하자 엄마가 설명해 주었어요.
"부산항은 밀물과 썰물의 차이가 크지 않고 바다가 깊어서 배를 대기 좋아.
그래서 우리나라 제1의 항구 도시로 발전했지."
오늘 점심은 자갈치시장의 생선구이였어요.
"갓 잡은 생선이라 그런지 진짜 맛있다!"
입맛 까다로운 은하도 엄지를 척 올렸어요.
시끌시끌한 소리와 바다 냄새, 사람들의 활력이 넘치는 자갈치시장은
이번 여행에서 특히 기억에 남을 만한 장소였지요.

남해의 신기한 다랭이 논

여름방학 여행의 마지막을 장식할 곳은 남해 다랭이마을이에요.
산비탈이 계단처럼 깎인 낯선 바닷가 풍경이 나타나자 엄마가 차를 세웠어요.
"우아, 신기하다! 엄마, 산비탈이 어떻게 저렇게 생겼어요?"
"여기는 바닷가지만 절벽이라 고기잡이가 여의치 않거든.
그래서 저렇게 산비탈에 계단식으로 된 논을 만들어서 농사를 짓기 시작했어.
이 마을에는 계단식 논이 100층 가까이 만들어졌단다."
'좁은 계단식 논'이라는 뜻의 다랑이를 사투리로 다랭이라고 한대요.
강산이와 은하는 푸른 바다와 초록 논이 어우러진
아름다운 다랭이마을의 풍경을 눈에 담았어요.

다랭이(다랑이)
평야가 아닌 경사진 비탈에서 농사를 짓기 위해 만들어진 좁고 긴 계단식 논이에요.

경상남도

한반도의 남동부에 위치해 있고, 남해와 접해 있어서 날씨가 따뜻해요. 해안가를 따라 도시가 발달해 있어요. 일본과 가까운 거리 탓에 역사적으로 잦은 침입을 받았어요.

- 덕유산
- 가야산
- **해인사**: 우리 국보 팔만대장경이 보관되어 있는 절이에요.
- **우포늪**: 우리나라 최대 규모의 자연 늪지예요. 수많은 희귀 동식물이 서식하고 있어 습지보호지역으로 지정되었어요.
- 거창군
- 함양군
- 합천군
- 낙동강
- 밀양시
- 의령군
- 창녕군
- 도자기
- 통도사
- 산청군
- 지리산
- 남강
- 함안군
- 창원시
- 김해시
- 양산시
- 화개장터
- 촉석루
- 진주시
- 창원국가산업단지
- 하동군
- 녹차
- 사천시
- 사천공항
- 고성군
- 공룡발자국 화석
- 나전칠기
- 진해항
- **남해대교**: 우리나라 최초의 현수교예요. 현수교란 강철 케이블로 무게를 지탱하는 다리를 말해요.
- 마늘
- 남해군
- 통영시
- 거제시
- **진해 군항제**: 이순신 장군의 얼을 기리고 해군의 위상을 높이고자 매년 4월 군항도시 진해에서 열리는 축제예요. 군항제 기간이면 벚꽃이 장관을 이뤄요.
- 다랭이마을
- 통영 한산대첩축제
- **옥포조선소**: 전 세계에서 큰 배를 주문받아 생산하는 조선소예요.

아름다운 제주도! 혼저옵서예!

가을 바람이 선선해진 어느 주말 아침, 강산이네는 제주도행 비행기에 올랐어요.
제주공항에 내리자 이국적인 제주의 풍경이 눈앞에 펼쳐졌어요.
"진짜 외국에 온 것 같다. 그런데 바람이 엄청 불어요, 엄마."
은하가 바람에 날리는 머리를 쓸면서 말했어요.
"제주도를 바람과 돌과 여자, 세 가지가 많은 '삼다도'라고 해.
화산 활동으로 만들어진 섬이라 지형이 독특하고 아름답단다."
강산이네는 숙소에 짐을 풀고 한라산을 등반했어요.
한라산 꼭대기 화산 분화구로 만들어진 호수
백록담에 구름 그림자가 비쳐 운치 있는
풍경을 감상할 수 있었지요.

'혼저옵서예'는 '어서 오세요'라는 뜻의 제주도 사투리야.

제주특별자치도

우리나라에서 가장 큰 섬이에요.
잘 보전하여 후손에게 물려주어야 할
가치가 있는 자연유산으로 꼽혀
유네스코 세계자연유산으로 지정되었어요.

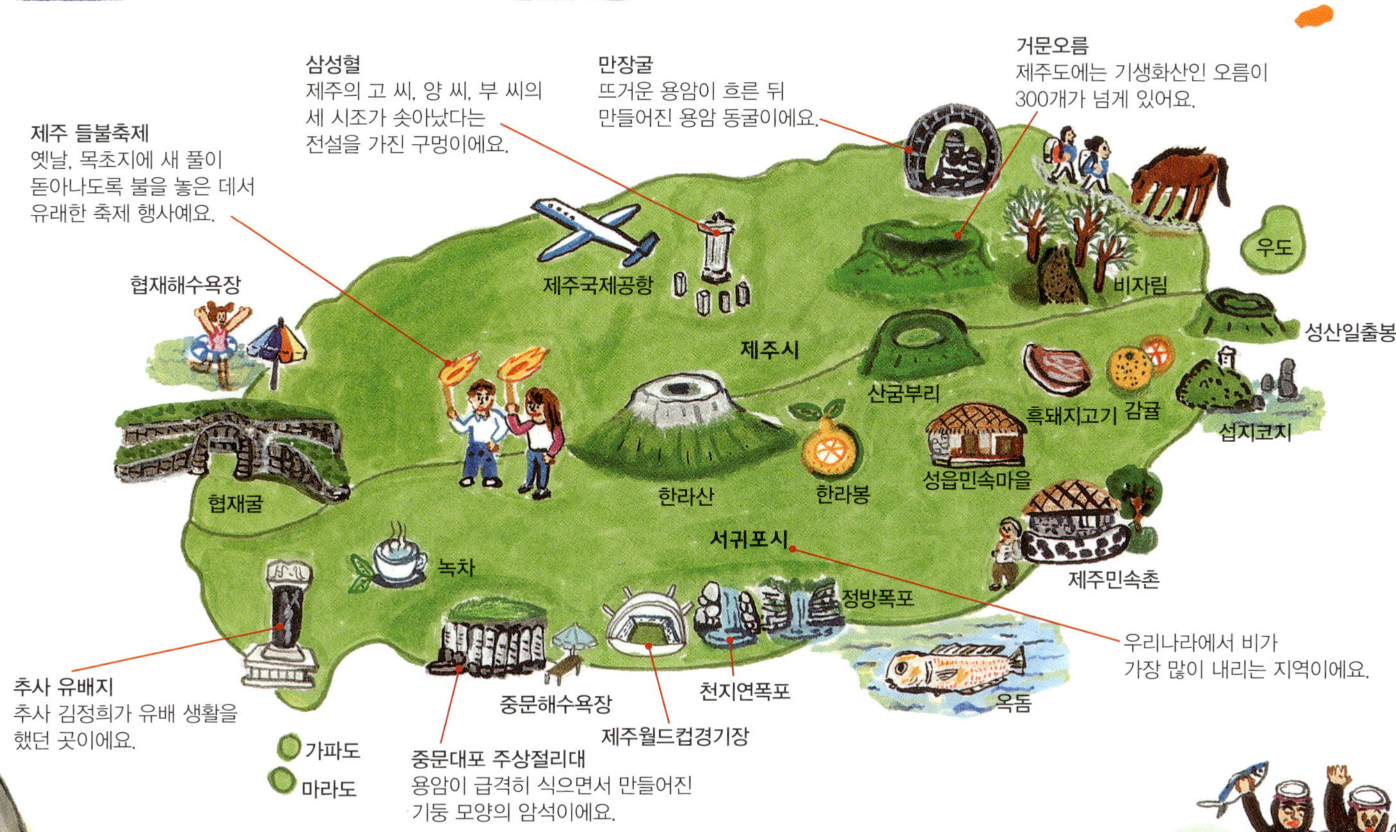

제주 들불축제
옛날, 목초지에 새 풀이 돋아나도록 불을 놓은 데서 유래한 축제 행사예요.

삼성혈
제주의 고 씨, 양 씨, 부 씨의 세 시조가 솟아났다는 전설을 가진 구멍이에요.

만장굴
뜨거운 용암이 흐른 뒤 만들어진 용암 동굴이에요.

거문오름
제주도에는 기생화산인 오름이 300개가 넘게 있어요.

추사 유배지
추사 김정희가 유배 생활을 했던 곳이에요.

중문대포 주상절리대
용암이 급격히 식으면서 만들어진 기둥 모양의 암석이에요.

우리나라에서 비가 가장 많이 내리는 지역이에요.

제주도 탄생의 비밀

제주도는 화산 활동을 통해 생겨났어요.
용암이 바닷물에 식어 굳었다가 다시 솟아나는 과정을
되풀이한 결과, 바다보다 높은 섬이 생긴 거지요.

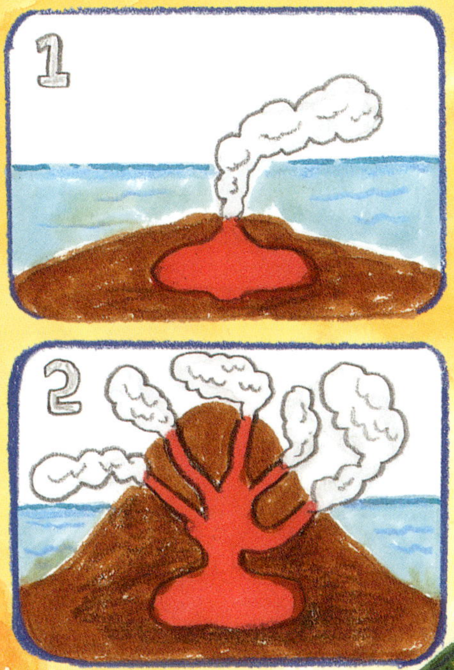

어느덧 캠핑 1년차!

엄마와 강산이, 은하가 함께한 캠핑이 어느덧 1년이 되었어요.
"지금까지 우리가 다녀온 곳을 지도로 그려 볼까? 아빠 오시면 보여 드리자."
해외 파견 근무를 나간 아빠가 12월에 돌아오시거든요.
세 사람은 커다란 종이를 펼쳐 놓고 함께 지도를 그렸어요.
지도를 그리는 동안 여행을 하며 만든 추억들이 다시 떠올랐어요.
다 그리고 나니 지도 위에는 어느덧 호랑이 한 마리가 늠름하게 자리하고 있었지요.

우리나라 방방곡곡, 찰칵!
각 지역의 명소, 유적, 축제 소개

경기도의 이곳저곳

경기도는 서울을 에워싸고 있어요. 지리적으로 서울과 가까워서 서울의 인구와 산업을 분담하는 많은 도시가 생겨났지요.

경기도에 우리 역사 유적이 많이 있구나!

남한산성
조선 시대에 왕이 사는 수도를 방어하기 위해 만들어진 산성이에요. 남한산성, 행주산성, 북한산성 등 경기도에는 산성이 많아요.

영릉
경기도 여주에 있는 영릉은 조선 4대 왕인 세종대왕과 부인 소헌왕후 심씨의 무덤이에요. 경기도에는 조선 시대 왕과 가족의 능이 많이 있어요. 조선 왕릉은 유네스코 세계문화유산으로 지정되어 있지요.

수원화성
정조대왕은 1789년 아버지 사도세자의 묘를 수원부 화산(지금의 화성시)으로 옮기면서, 원래 그곳에 살던 백성들을 이주시키기 위해 성곽도시를 만들었어요. 조선의 대표적인 실학자 정약용이 설계를 맡아 완성한 화성은 조선 후기 건축 문화의 꽃이라고 할 수 있어요.

용문사

신라 시대에 창건했다고 전해지는 불교 사찰이에요. 천연기념물 30호로 지정된 1100년 된 은행나무가 유명해요.

추천합니다! 이천 도자기축제

2016년 30회를 맞은 이천 도자기축제는 우리 도자기의 아름다움과 오랜 역사, 뛰어난 기술을 보전하고 알리기 위해 매년 4~5월에 개최되고 있어요. 다양한 전시와 도예 체험, 놀이와 공연 등이 어우러져 온 가족이 즐길 수 있는 축제랍니다.

한국지리 박사가 되는 GOGO 스피드 퀴즈

1. 헤이리 예술마을과 출판 단지가 이곳에 있어요. 북한을 볼 수 있는 전망대가 설치된 임진각도 있어요. 이 도시는 어디일까요?

2. 안성시의 특산물로, 놋쇠로 만든 그릇이에요. '안성맞춤'이라는 말이 생길 정도로, 안성에서 나는 이것이 품질이 좋기로 유명하지요. 이것은 무엇일까요?

3. 경기도에서 인구가 가장 많고, 반도체와 전자 공업이 발달한 곳이에요. 우리나라 최초의 계획도시인 화성이 있고, 경기도청 소재지이기도 한 이 도시는 어디일까요?

4. 북한강과 남한강의 물이 합쳐져 한강으로 흐르는 두물머리가 있어요. 경기도에서 가장 면적이 넓은 이곳은 어디일까요?

강원도의 이곳저곳

강원도는 높은 산이 이어져 있고, 동해안에 해수욕장이 발달했어요. 깨끗하고 아름다운 자연환경을 자랑하는 지역이에요.

단옷날 산신께 복을 기원하는 제사를 지내는 모습이야.

강릉 단오제

음력 5월 5일 단옷날은 가정과 마을의 평화와 풍요를 기원하는 날로, 예로부터 우리나라의 4대 명절 중 하나였어요. 이러한 전통이 잘 보존되어 온 강릉의 단오제는 2005년 유네스코 세계무형문화유산에 선정되기도 했어요. 단오굿과 산신제, 씨름, 그네, 줄다리기 등 다양한 행사와 민속놀이가 펼쳐져요.

대관령

강릉시와 평창군 사이에 있는 높이 832미터의 험하고 구불구불한 고개예요. 기온이 낮고 여름이 짧은 산지 기후에 적합한 고랭지 채소를 대규모로 재배하며, 넓은 초지에서 소와 양을 풀어 기르는 커다란 목장도 있어요.

선암마을 한반도 지형

영월군 선암마을 뒷산에 올라 강에 둘러싸인 마을을 내려다보면, 삼면이 바다로 둘러싸인 한반도 지형을 많이 닮았어요. 동쪽은 급경사를 이룬 절벽이고 서쪽은 넓은 모래사장을 이루고 있어요. 2009년에 마을 이름도 서면에서 한반도면으로 바뀌었지요.

인제 황태 덕장

명태를 겨울 동안 얼렸다 녹였다 반복하여 건조하면 황태가 되는데, 이렇게 생선을 말리는 곳을 덕장이라고 해요. 인제군 용대리는 바람이 많이 불고 눈이 많이 내려 최고 품질의 황태 생산지로 유명하답니다.

매년 1월 말 강원도 태백시에서 개최하는 축제예요. 눈조각 전시, 대형 눈미끄럼틀, 이글루 카페, 얼음 썰매타기 등 눈과 얼음 위에서 다양하고 재미있는 겨울 놀이를 즐길 수 있어요. 겨울을 만끽하고 싶다면 가족, 친구와 함께 꼭 한번 가 보세요!

한국지리 박사가 되는 GOGO 스피드 퀴즈

1. 다음 산들의 이름에 공통으로 들어가는 한 글자는 무엇일까요?

    설○산   치○산   월○산   황○산

2. 집 뒤뜰에 검은 대나무가 자라서 이렇게 이름을 지었다고 해요. 신사임당의 친정 집이자 율곡 이이가 태어난 이 집의 이름은 무엇일까요?

3. 댐 건설로 생긴 소양호, 의암호 등 호수가 많고, 닭갈비가 유명한 이 도시는 어디일까요?

4. 이곳에서 솟아나온 지하수가 한강의 시작이라고 알려져 있어요. 태백에 있는 이곳은 어디일까요?

충청남도의 이곳저곳

충청남도에는 백제의 숨결을 느낄 수 있는 문화유산이 많이 남아 있어요.
황해와 접한 서쪽에는 갯벌이 발달했어요.

대한 독립 만세! 독립 운동가가 많았던 천안에는 독립기념관이 있어.

독립기념관

천안시 목천읍에 있어요. 일제 강점기에 나라를 되찾기 위해 목숨을 아끼지 않았던 독립 운동가들이 남긴 자취와 자료를 전시하고 있어요. 천안은 유관순 열사를 비롯해 많은 독립 운동가를 배출한 고장이에요.

천수만 철새 도래지

1980년대 서산 천수만 일대는 간척 사업을 통해 갯벌이 논으로 바뀌었어요. 추수 후 남겨진 곡식들이 겨울 철새들의 먹이가 되고, 내륙지방보다 1~2도 높은 기온 등 여러 가지로 철새 서식지로 적합한 조건을 갖추게 되어 천수만은 세계적인 철새 도래지가 되었어요.

백제문화제

공주와 부여에서 열리는 백제문화제는 백제인의 진취성, 개방성, 창조성을 이어 나가기 위한 축제예요. 백제인들이 얼마나 찬란한 문화를 꽃피웠는지, 또 그것이 어떻게 일본에 전해졌는지 다양한 행사를 통해 보여 주고 있어요.

무령왕 금제 관식

국보 제154호의 백제 시대 유물로, 무령왕릉에서 출토된 금으로 만든 왕관 꾸미개 한 쌍이에요. 백제 문화의 높은 수준과 당시의 풍속을 알려 주는 귀중한 자료이지요. 현재 공주국립박물관에 소장되어 있어요.

추천합니다! 보령 머드축제

매년 7월 보령의 대천해수욕장에서 펼쳐지는 체험 축제예요. 머드 마사지, 머드 페인팅, 머드 슬라이딩, 대형 머드탕, 갯벌 마라톤 대회 등 다양한 행사를 체험할 수 있어요. 보령 머드는 원적외선이 많이 방출되고 미네랄, 게르마늄도 포함되어 있어 피부 건강에 아주 좋아요.

한국지리 박사가 되는 GOGO 스피드 퀴즈

1. 황해와 남해처럼 해안선이 들쭉날쭉 복잡한 해안을 무슨 해안이라고 할까요?

2. 충남 부여 백마강 부소산에 있는 큰 바위인데, 백제 의자왕 때 당나라 군대가 침략하자 궁녀 삼천 명이 절개를 지키기 위해 이 바위에서 백마강에 몸을 던졌다는 전설이 전해져요. 이 바위의 이름은 무엇일까요?

3. 예로부터 귀한 약재로 쓰였던, 뿌리를 먹는 식물이에요. 금산의 특산물인 이 약초는 무엇일까요?

4. 충남 서천군 한산 지역에서 생산되는 품질 좋은 천연 옷감인 이것은 무엇일까요?

1. 리아스 해안 2. 낙화암 3. 인삼 4. 모시

충청북도의 이곳저곳

충청북도는 남한의 도 가운데 유일하게 바다와 닿지 않은 내륙에 위치해 있어요. 삼국 시대의 유적이 많이 남아 있어요.

속리산 천왕봉은 높이가 1000미터가 넘어.

속리산

최고봉인 천왕봉을 중심으로 비로봉, 문장대, 관음봉, 입석대, 문수봉 같은 빼어난 봉우리를 자랑해요. 이와 함께 국보급 문화재들이 즐비한 법주사도 있어요.

충주호

충북 충주시, 제천시, 단양군에 걸쳐 있어요. 충주댐을 만들면서 생긴 인공호수로, 유람선을 타고 단양 팔경을 돌아볼 수 있어 유명한 관광지가 되었어요.

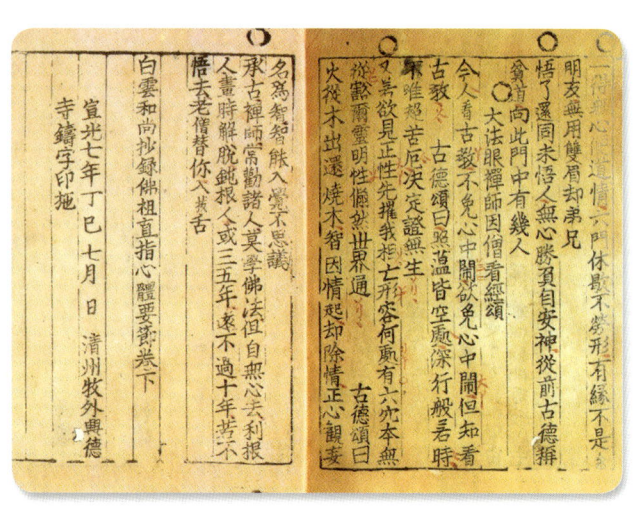

직지심체요절

세계에서 가장 오래된 금속활자로 인쇄된 책이에요. 고려 시대 때인 1377년에 청주 흥덕사에서 인쇄되었어요. 2001년 9월 유네스코 세계기록유산으로 등재되었지요. 하지만 안타깝게도 현재 프랑스 국립도서관에 소장되어 있고, 우리나라에 반환되지 않고 있어요.

중앙탑

정식 명칭은 '탑평리 칠층석탑'인데, 지리적으로 우리나라 중앙부에 위치해 있어서 '중앙탑'이라고 불러요. 신라가 삼국을 통일하고 세운 이 탑은 통일신라 시대 석탑 가운데 가장 크고 높아 국보 제6호로 지정되었어요.

추천합니다! 단양 온달문화축제

고구려 온달장군이 신라에 빼앗긴 영토를 되찾기 위해 싸우다 전사한 단양군에서는 1996년부터 매년 가을마다 온달문화축제가 열려요. '바보 온달과 평강 공주' 이야기 속 온달이 아니라 역사 속 온달을 만날 수 있는 축제로, 온달 장군과 평강 공주 선발대회와 온달산성 전투 재현 등 다양한 볼거리가 펼쳐져요.

한국지리 박사가 되는 GOGO 스피드 퀴즈

1. 남한강이 흐르는 요지여서 삼국 시대에 고구려, 백제, 신라가 서로 차지하려고 했던 이 도시는 어디일까요?

2. 신라 진흥왕 때 고구려 땅인 이 지역을 점령하고서 세운 비석이에요. 단양에 있는 이 비석의 이름은 무엇일까요?

3. 영동의 특산물이에요. 밤낮의 일교차가 크고 일조량이 풍부한 영동에서 나는 이 과일이 특히 당도가 높고 맛있기로 유명해요. 이 과일은 무엇일까요?

4. 1978년 이곳에 생긴 공군 비행장이 1997년 국제공항으로 승격했어요. 중부권을 대표하는 공항을 갖춘 이 시의 이름은 무엇일까요?

1 단양 2 단양신라적성비 3 포도 4 청주

전라북도의 이곳저곳

전라북도는 넓은 평야가 있어 농업이 발달했어요. 맛있는 향토 음식, 잘 보전된 전통과 민속 예술로도 유명해요.

다시 발전하는 군산항을 기대해.

군산항

일제 강점기에 군산항은 일본이 우리나라의 쌀과 자원을 수탈해 가는 창구였어요. 광복 후 부산항과 인천항이 급성장해서 군산항은 쇠퇴했지만 군산외항과 군산 산업단지가 들어서면서 새로운 활기를 찾고 있어요.

고창 고인돌

고인돌은 청동기 시대의 대표적인 무덤 양식이에요. 크기와 형태가 다양한 2000여 개의 고인돌이 고창에 모여 있어요. 선사 시대의 사회상을 보여 주는 중요한 유적으로 가치를 인정받아 유네스코 세계문화유산으로 등재되었어요.

호남평야

만경강과 동진강 유역을 중심으로 김제, 익산, 정읍 등에 걸쳐 있는 우리나라 제일의 곡물 생산 지대예요. 산이 많은 우리나라에서 드물게 지평선을 볼 수 있는 곳이지요.

전주 대사습놀이

전주는 전라북도의 행정, 교육, 문화의 중심지로 전통문화가 잘 보전된 도시예요. 해마다 전주에서는 판소리와 농악 등 전통 민속 예술의 기량을 펼치는 대사습놀이가 열려요. 조선 후기부터 이어져 오던 대사습놀이는 일제 강점기 때 중단되었다가 1975년 다시 복원되어 매년 단오 때 펼쳐지고 있어요.

추천합니다! 김제 지평선축제

호남평야의 중심에 있는 김제의 자연환경과 그곳에서 생산되는 쌀을 알리기 위해 매년 10월 열리는 농경문화축제예요. 쌀음식 만들기, 탈곡 체험, 허수아비 만들기, 메뚜기 잡기 등 다양한 체험을 통해 농사 문화를 이해하고 재미있는 추억을 쌓을 수 있어요.

한국지리 박사가 되는 GOGO 스피드 퀴즈

1. 삼국 시대에 만들어진 우리나라 최초의 저수지로, 김제에 있어요. 이 저수지의 이름은 무엇일까요?

2. 전주의 유명 관광지로, 700여 채의 우리나라 전통 가옥으로 조성된 이곳은 어디일까요?

3. 순창의 특산품이에요. 전통 방식으로 8개월 이상의 발효 과정을 거쳐 만들어지며, 단맛, 짠맛, 매운맛을 가진 이 식품은 무엇일까요?

4. 군산, 김제, 부안에 갯벌을 간척하여 조성된 땅이에요. 전주시의 2배에 달하는 면적에, 세계에서 가장 긴 방조제가 있는 이곳은 어디일까요?

1. 벽골제 2. 전주 한옥마을 3. 고추장 4. 새만금간척지

전라남도의 이곳저곳

전라남도는 황해와 남해에 접해 있어요.
다도해 해상국립공원이 있고,
농업과 어업과 공업이 고루 발달했어요.

가을의 순천만은 갈대밭으로 유명해.

순천만

여수반도와 고흥반도 사이에 있는 넓은 습지예요. 국제습지조약인 람사르협약에 등록되어 있어요. 넓은 갯벌에서는 낙지, 꼬막, 짱뚱어 등이 많이 잡히고, 겨울이면 200여 종의 철새들로 장관을 이루는 자연생태공원이지요.

광양제철소

간척지에 만들어진 광양제철소는 수심이 깊어 대형 선박이 드나들 수 있는 광양항, 원료를 원활히 공급받을 수 있는 부근의 여수 석유화학공업단지 등의 이점이 있어 세계적인 제철 도시로 성장하고 있어요.

다도해 해상국립공원

전라남도 신안군 홍도에서 여수시 돌산면에 이르는 해안 지역은 섬과 반도가 많은 복잡한 리아스식 해안을 이루고 있어요. 거문도, 나로도, 완도, 보길도, 흑산도, 만재도 등과 독특한 바위섬들이 어우러져 수려한 자연 경관을 자랑하는 국립공원이지요.

보성 녹차밭

보성은 녹차의 명산지로 알려져 있어요. 기온이 온화하고 습도가 높아 차나무를 재배하기에 적합한 조건을 가지고 있지요. 초록빛의 계단식 녹차밭은 유명 관광지가 되었어요. 차밭에서 직접 찻잎을 따는 체험도 할 수 있어요.

추천합니다! 진도 신비의바닷길 축제

'현대판 모세의 기적'으로 불리는 이 축제 기간에 하루 약 1시간 동안 바다가 갈라지는 신기한 현상을 볼 수 있어요. 고군면 회동리와 의신면 모도리까지 2.8킬로미터의 바닷길을 걸으며 다시마, 미역도 따고 바지락도 캘 수 있지요. 4~5월경 조수간만의 차이로 수심이 낮아질 때 열리는 바닷길이라서 정확한 날짜를 꼭 알아보고 가야 해요.

한국지리 박사가 되는 GOGO 스피드 퀴즈

1. 신안은 전국에서 이것 생산량의 약 절반을 차지해요. 바닷물을 염전에서 증발시켜 얻은 소금인 이것은 무엇일까요?

---

2. 쭉쭉 뻗은 대나무가 많이 자라, 대나무로 만든 죽세공품이 이 지역의 특산물이에요. 이곳은 어디일까요?

---

3. 신라 시대 장군 장보고를 기리기 위해 5월이면 장보고수산물축제가 벌어지는 이곳은 어디일까요?

---

4. 전남 고흥에 있는 우주발사기지 이름은 무엇일까요?

---

1 천일염 2 담양 3 완도 4 나로우주센터

경상북도의 이곳저곳

경상북도는 불교 문화와 유교 문화가 잘 보전되어 있는 곳이에요. 남한의 도 가운데 면적이 가장 넓고, 동해의 울릉도와 독도를 포함하고 있어요.

우아! 우리 조상님들 정말 대단하다.

불국사와 석굴암

경주 토함산에 통일신라 시대의 절인 불국사와 석굴암이 있어요. 불국사의 '불국'은 '부처의 나라'라는 뜻이며, 대웅전 앞에는 다보탑과 석가탑이 있어요. 석굴암은 가운데 석가여래좌상과 그 둘레의 불상들이 정교하게 조각되어 있어 불교 예술의 극치를 보여 주고 있어요.

포항제철소

포항은 도시 자체가 하나의 거대한 공업 단지예요. 철을 만드는 원료를 대부분 배로 수입하기 때문에 큰 배가 드나들기 좋은 포항에 제철소가 들어서게 되었지요.

울릉도와 독도

울릉도와 독도는 경상북도 울릉군에 속해 있어요. 울릉도는 화산 활동으로 생긴 섬이라 섬 전체가 가파른데, 중앙의 나리 분지는 평평해요. 우리나라 동쪽 끝에 있는 섬인 독도는 동도와 서도로 나뉘어요. 우리 경찰인 독도 경비대가 소중한 영토 독도를 든든히 지키고 있어요.

안동 하회마을

조선 시대 유교문화가 뿌리 깊은 안동은 퇴계 이황을 비롯한 많은 유학자가 나온 곳이에요. 하회마을은 하회별신굿 탈놀이 같은 전통문화가 잘 보전되어 있어, 마을 자체가 중요민속자료 제122호로 지정되었어요.

매년 3월 말에서 4월 초 대게가 가장 살이 오르는 시기에 열려요. 살이 통통한 대게도 맛보고, 대게잡이 체험과 대게 경매에도 참여해 볼 수 있어요. 참! 대게는 큰 게란 뜻이 아니라 대나무 마디처럼 길쭉하고 곧은 다리를 가진 게라는 뜻에서 붙여진 이름이랍니다.

한국지리 박사가 되는 GOGO 스피드 퀴즈

1. 천 년 가까이 신라의 수도였어요. 유물과 유적이 많아 도시 전체가 하나의 박물관이라고 할 수 있을 정도예요. 이곳은 어디일까요?

2. 우는 아이 울음도 그치게 한다는 상주의 특산물이에요. 감을 깎아서 햇볕과 바람에 말린 겨울철 별미인 이것은 무엇일까요?

3. 해돋이 명소로 유명해요. 우리나라 지도에서 호랑이 꼬리 부분에 해당한다고 해서 '호랑이 꼬리 곶'이라는 뜻의 이름이 붙었어요. 포항에 있는 이곳은 어디일까요?

4. 울릉도 앞바다에서 많이 잡히는 특산물이에요. 회로도 먹고 말려서도 먹는 이것은 무엇일까요?

1 경주 2 곶감 3 호미곶 4 오징어

경상남도의 이곳저곳

경상남도는 남해와 접해 있고, 동쪽으로는 울산광역시, 부산광역시와 닿아 있어요. 어업과 공업, 조선업 등이 고루 발달했어요.

이곳에서는 전 세계에서 큰 선박을 주문받아 생산하고 있지.

거제 옥포조선소

1981년부터 가동된 옥포조선소에서는 유조선, 시추선, 잠수함, 구축함과 같은 큰 배를 만들어요. 높은 기술력을 갖추고 있어 최고 품질의 선박을 만들어 내고 있어요.

남해대교

경남 하동군과 남해군을 잇는 다리로 지역사회 발전 및 개발에 커다란 구실을 하고 있어요. 한국 최초의 현수교(강철 케이블로 지지하는 다리)로, 우리나라에서 가장 아름다운 다리로 손꼽혀요.

진해 군항제

진해는 해군의 요충지로, 해군사관학교도 진해에 있어요. 군항제는 이순신 장군을 추모하며, 해군사관학교 군악 의장 페스티벌이 열리고 벚꽃도 함께 즐기는 봄 축제예요. 36만여 그루의 왕벚나무가 일제히 꽃망울을 터뜨리는 장관을 볼 수 있어요.

해인사 팔만대장경

몽골이 고려를 침입하자 부처의 힘으로 몽골군을 물리치기 위해 만든 대장경이에요. 대장경이란 불교 경전을 모은 것인데, 총 81,258개의 목판 양면에 새겨 넣었다 해서 팔만대장경이지요. 합천 해인사에 보관 중이고, 유네스코 세계기록유산으로 지정되었어요.

세계 3대 공룡 발자국 화석지인 경남 고성에 공룡박물관이 있어요. 고성에서는 약 5,000여 점의 공룡 발자국이 발견되었지요. 화석과 한반도의 다양한 공룡들을 만나는 동안 타임머신을 타고 공룡 시대에 온 듯한 멋진 경험을 할 수 있어요.

한국지리 박사가 되는 GOGO 스피드 퀴즈

1. 경남 남해군에 있는 계단식 논의 사투리 이름은 무엇일까요?

2. 경남 창녕에 있는 우리나라 최대의 자연 늪이에요. 천연의 자연환경 속에 600여 종의 동식물이 서식하고 있어 습지보호지역으로 지정된 이곳은 어디일까요?

3. 하동군에 있는 유명한 재래시장이에요. 옛부터 경상도와 전라도 사람들이 이 시장에 모여 여러 가지 물건을 사고팔았대요. 이 시장의 이름은 무엇일까요?

4. 통영의 특산품이에요. 전복의 껍데기를 얇게 갈아서 나무 제품에 장식하여 만든 공예품인 이것은 무엇일까요?

제주도의 이곳저곳

제주특별자치도는 화산섬으로, 지형이 독특하고 경치가 아름다워요. 옛날에는 왕의 노여움을 산 선비들의 유배지이기도 했어요. 지금은 세계 각지의 많은 이들이 찾는 인기 있는 관광지예요.

제주도만의 독특한 자연환경이 관광객을 사로잡아!

성산일출봉

성산일출봉의 꼭대기 부분은 거대한 사발 모양의 분화구예요. 웅장한 성 모양을 하고 있어 성산, 해돋이가 유명해서 일출봉이라고 불러요.

중문대포 주상절리대

중문해안과 대포해안에 발달한 절벽이에요. 오랜 옛날 분출한 용암이 바다로 떨어지며 급속히 식으면서 기둥 모양의 주상절리가 만들어졌어요.

추사 유배지

조선 후기의 문신이었던 추사 김정희가 유배를 와서 9년간 머물렀던 곳이에요. 담장에는 탱자나무가 둘러져 있는데, 유배 중에는 집 밖으로 나갈 수 없어 추사가 볼 수 있는 풍경은 탱자나무가 전부였다고 해요. 추사는 유배 생활 중에 독특한 예술성을 가진 글씨체인 추사체를 완성했어요.

만장굴

총 길이 8,900여 미터로 세계에서 가장 긴 용암 동굴이에요. 제주도 사투리로 '아주 깊다'는 뜻의 '만쟁이굴'로 불리다가 만장굴이 되었어요. 굴이 깊어서 빛과 소음을 싫어하는 박쥐, 지네, 거미들의 좋은 서식지예요.

추천합니다! 제주 들불축제

제주시 애월읍 봉성리 새별오름에서는 정월 대보름 전후로 들불 놓기를 재현하는 이색 축제가 열려요. 밭농사를 많이 짓는 제주에서 해충을 없애기 위해 밭에 불을 놓던 풍습에서 유래했어요. 오름 트래킹, 마상마예 공연, 무사안녕 횃불대행진, 화산불꽃 쇼, 오름불 놓기 등 다양한 행사가 열려요.

한국지리 박사가 되는 GOGO 스피드 퀴즈

1. 제주도는 제주시와 이 시로 이루어져 있어요. 제주도의 남쪽에 위치하고, 우리나라에서 비가 가장 많이 내리는 이 시의 이름은 무엇일까요?

2. 커다란 화산 옆에서 분출한 작은 화산을 기생화산이라고 하는데, 제주도에는 거문○○, 용눈이○○ 같은 380여 개의 기생화산이 있어요. 기생화산을 부르는 제주도 말로 ○○에 들어갈 말은 무엇일까요?

3. 제주도는 날씨가 따뜻하고 비가 많이 와서 이 과일을 많이 재배해요. 새콤하고 달콤한 알갱이가 톡 터지는 이 과일은 무엇일까요?

4. 한라산 꼭대기 분화구에 생긴 호수예요. '하얀 사슴이 사는 호수'라는 뜻을 가진 이 호수의 이름은 무엇일까요?

1. 서귀포시 2. 오름 3. 감귤 4. 백록담

1단계 스스로 테스트 : 나는 우리나라와 우리 땅에 대해 얼마나 알고 있을까요?

여행을 떠나 보면 지역마다 땅의 모양, 강의 흐름, 산의 높이, 기후 등이 다 다르지요?
각 지역의 환경이 다르기 때문에 사람들의 생활 모습도 다양해요.
여러분도 우리나라 여러 지역에 관심을 가지고, 다음 퀴즈를 풀어 보세요.

아래 문장이 맞으면 ◯, 틀리면 ✕에 √ 표시하세요.	◯	✕
① 한반도의 지형은 호랑이와 닮았다.		
② 한반도의 북쪽은 중국, 러시아와 닿아 있다.		
③ 한반도는 바다 없이 사면이 땅으로 둘러싸여 있다.		
④ 한반도의 동쪽에 있는 바다는 동해이다.		
⑤ 한반도에는 사막이 많다.		
⑥ 한반도는 동쪽에 산이 많고 서쪽으로 갈수록 낮아지는 동고서저의 지형이다.		
⑦ 한반도는 휴전선을 경계로 남한과 북한으로 나뉘어 있다.		
⑧ 북한은 언젠가 통일되어야 할 우리 땅이다.		
⑨ 한반도에서 가장 높은 산은 설악산이다.		
⑩ 우리나라의 수도는 세종시이다.		
⑪ 우리나라는 7개의 도로 이루어져 있다.		
⑫ 독도는 대한민국의 영토이다.		
⑬ 우리나라에서 가장 큰 평야는 호남평야이다.		
⑭ 어촌에서는 주로 가축을 기르는 목축업을 한다.		
⑮ 황해와 남해는 해안선이 복잡한 리아스식 해안이다.		
⑯ 강원도에는 평야가 많다.		
⑰ 충청북도는 황해와 닿아 있다.		
⑱ 제주도는 화산 활동으로 만들어진 섬이다.		

여러분이 표시한 것과 아래 정답이 몇 개나 같은지 세어 보세요.

① O 한반도의 땅 모양은 대륙을 향해 기운차게 뻗은 호랑이를 닮았어요.

② O 한반도의 북쪽은 중국, 러시아와 닿아 있는데, 중국과 맞닿은 면적이 훨씬 커요.

③ X 반도는 삼면이 바다로 둘러싸인 땅을 말해요. 한반도는 북쪽만 대륙과 닿아 있고, 나머지 삼면은 바다로 둘러싸여 있어요.

④ O 한반도의 동쪽에 있는 바다는 동해, 서쪽에 있는 바다는 황해 또는 서해라고 해요.

⑤ X 사막은 강수량이 적은 건조한 지역이에요. 아프리카와 중국에 많아요. 우리나라에는 사막이 없어요.

⑥ O 한반도의 지형은 동쪽에 높은 산맥이 모여 있고 서쪽으로 갈수록 낮아져 평야를 이루어요.

⑦ O 남한과 북한은 휴전선을 경계로 나뉘어 있어요. 전쟁을 잠시 멈추고 있는 상태이지요.

⑧ O 북한 동포들과 우리는 한민족이고, 언젠가 통일이 되면 다시 만날 거예요.

⑨ X 북한에 위치한 백두산은 남한과 북한을 통틀어 가장 높은 산이에요.

⑩ X 우리나라의 수도는 서울특별시예요.

⑪ X 우리나라는 8개의 도와 6개의 광역시, 각각 1개의 특별시, 특별자치시, 특별자치도로 이루어져 있어요.

⑫ O 일본이 아무리 넘보고 우겨도 독도는 대한민국 땅이에요.

⑬ O 우리나라에서 가장 큰 평야는 호남평야로, 우리나라 최대의 곡물 생산 지대예요.

⑭ X 어촌에서는 주로 바다를 터전으로 어업이나 양식업을 해요.

⑮ O 동해는 해안선이 단조로운 데 비해, 황해와 남해는 해안선이 복잡한 리아스식 해안이에요.

⑯ X 강원도는 면적의 80%가 산지예요.

⑰ X 충청북도는 바다와 닿지 않은 내륙에 위치해 있어요.

⑱ O 제주도는 오래전 화산 활동으로 만들어진 섬이에요.

내 점수는?

맞은 개수 13~18개

짝짝짝! 실력이 대단해요. 기초가 튼튼하군요.

맞은 개수 7~12개

잘했어요. 꾸준히 실력을 키워요.

맞은 개수 0~6개

기초가 흔들려요. 더 관심을 가져요.

2단계 개념 확인 활동: 특산물 사다리 타기

친구들이 각 지역의 특산물을 설명하고 있어요. 사다리를 타며 어떤 특산물인지 맞혀 보세요.

- 울릉도에서 많이 잡혀요. 먹물을 뿜어요. 회, 무침으로도 요리해요.
- 강원도에서 많이 재배해요. 쪄 먹고, 구워 먹고, 튀겨 먹어요.
- 전라남도 완도에서 많이 생산돼요. 양식도 해요. 반찬으로 흔히 먹는 해조류예요.
- 제주도에서 많이 나는 새콤달콤한 과일이에요.
- 전라남도 담양의 특산물이에요. 속이 빈 대나무로 여러 가지 물건을 만들어요.

감자 / 오징어 / 감귤 / 죽세공품 / 김

개념 쏙쏙 특산물이란 자연환경에 따라 그 지역에서만 나거나 그 지역에서 특별히 많이 생산되고 품질이 좋은 물건을 의미해요. 내가 살고 있는 지역에는 어떤 특산물이 유명한지 알아보세요.

2단계 개념 확인 활동 — 우리나라의 다양한 지형

강산이는 우리나라 곳곳을 여행하며 다양한 지형을 만났어요. 강산이가 지형을 설명한 내용을 읽고, 어떤 지형인지 보기에서 찾아 써 보세요.

보기

| 삼다도 | 곶 | 다도해 | 리아스식 해안 | 분지 | 고랭지 | 반도 | 만 | 갯벌 |

- 동서남북 사방이 산으로 둘러싸인 평평한 땅을 말해요.
- 삼면이 바다로 둘러싸이고, 한 면은 육지와 연결된 땅이에요.
- 우리나라 황해나 남해처럼 들쑥날쑥 복잡한 해안선을 말해요.
- 우리나라 남해와 서해 남부의 섬이 많은 바다예요.
- 육지 쪽으로 바다가 파고든 곳이에요. 천수○, 순천○, 광양○ 등이 있어요.
- 바다 쪽으로 뾰족하게 튀어나온 육지예요. 호미○, 간절○ 등이 있어요.

가로세로 낱말 퍼즐

우리나라 땅에 대한 가로세로 퍼즐이에요. 열쇠를 잘 읽고 재미있게 풀어 보세요.

가로 열쇠

① 남한에서 제일 높은 산이에요. 제주도에 있고 잠시 활동을 멈춘 휴화산이에요.
② 우리나라 지형의 특징이에요. 동쪽은 높고 서쪽은 낮다는 뜻이에요.
③ 물고기 잡는 일을 주로 하는 지역이나 마을이에요.
④ 사방이 산으로 둘러싸인 평평한 땅으로, 대구가 이 지형에 속해요.
⑤ 강원도 춘천에 있는 강으로, 같은 이름의 댐도 있어요.
⑥ 전라남도와 경상남도 해안의 섬이 많은 바다를 말해요.
⑦ 광주의 무등산에서 나는 ○○이 유명해요.
⑧ 특별행정구역으로 서울○○○라고 해요.

세로 열쇠

Ⓐ 산으로 둘러싸여 있으며, 버섯과 약초를 채취하고 목축업을 하는 촌락이에요.
Ⓑ 여름이 짧고 서늘한 산지촌의 고지대에서 키운 채소를 말해요. 강원도 대관령 일대에서 생산되고 있어요.
Ⓒ 남해의 이 마을에 가면 산비탈을 깎아 만든 계단식 논인 ○○○ 논을 볼 수 있어요.
Ⓓ 바다에서 물놀이를 할 수 있는 곳이에요. 우리나라 동해안에 많이 있어요.
Ⓔ 그 지방의 독특한 생산물이에요.

3단계 창의 활동 **도시와 촌락을 비교해 보세요**

도시에 사는 강산이 엄마와 강화도 어촌에 사는 엄마 친구는 자기가 사는 곳에 대해 이야기를 나누고 있어요. 두 분이 나누는 이야기를 듣고 여러분이라면 어디에 살고 싶은지, 그리고 이유는 무엇인지 써 보세요.

도시

장점
학교, 상점, 병원 같은 시설이 가까워.
영화관, 공연장, 경기장 같은 문화시설도 풍부해.
교통이 발달해서 이동이 편리하지.

단점
많은 시설이 집중되어 있어 복잡하고,
사람들이 너무 많아 혼잡해.
차가 많아서 교통 문제가 심각하지.
공기도 나쁘고 쓰레기 문제도 심각해.

촌락

장점
자연을 즐기면서 여유 있게 지낼 수 있어.
맑은 공기와 아름다운 경치를 누릴 수 있어.
이웃들과 가깝게 지내.

단점
대중교통이 덜 발달해서 이동이 불편할 때가 있어.
상점, 병원, 문화시설이 부족해서 불편해.

내가 살고 싶은 곳은

 **3단계 창의 활동**

내가 사는 지역 자랑하기

여러분이 살고 있는 지역에 대해 소개하는 글을 써 보세요. 어디에 자리잡고 있는지, 환경은 어떠한지, 무엇이 유명한지, 볼거리는 어떤 것이 있는지 등을 인터넷이나 책에서 조사하여 적어 보세요. 내가 사는 고장에 대한 자부심이 쑥쑥 커질 거예요.

지후가 소개하는 대전

내가 사는 대전은 충청남도와 충청북도 사이에 위치해 있다. 우리나라의 6개 광역시 가운데 하나이며, 교통이 매우 발달해 있다. 우리나라의 주요한 도로와 철도가 대부분 대전을 거쳐 간다.

대전은 우리나라를 대표하는 과학의 도시이다. 한국과학기술원과 대덕연구단지가 있고, 국립중앙과학관도 있다. 로봇이나 대체 에너지 같은 신기술을 이끌어 가는 도시, 대전이 나는 무척 자랑스럽다.

내가 사는 고장 소개하기

4단계 개념 심화 학습: 한눈에 보는 우리나라

우리나라의 위치

우리나라는 아시아의 동쪽에 있어요. 위에는 중국이 있고, 일본과는 동해를 사이에 두고 마주 보지요. 그래서 한·중·일 삼국을 동아시아 삼국이라고도 한답니다.

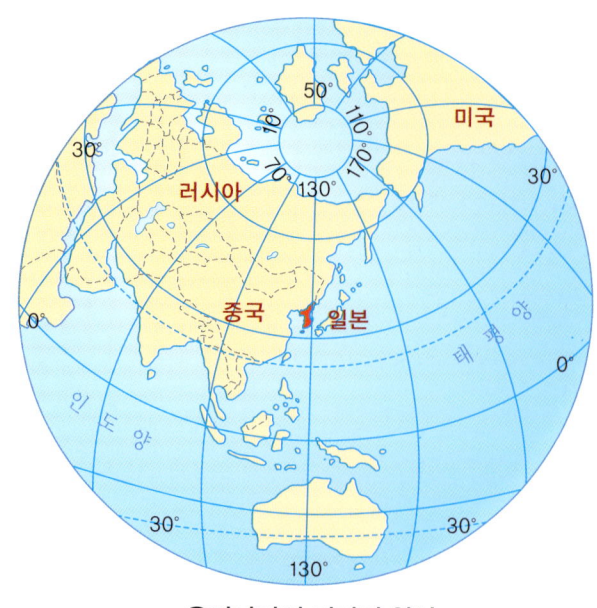

우리나라의 지리적 위치

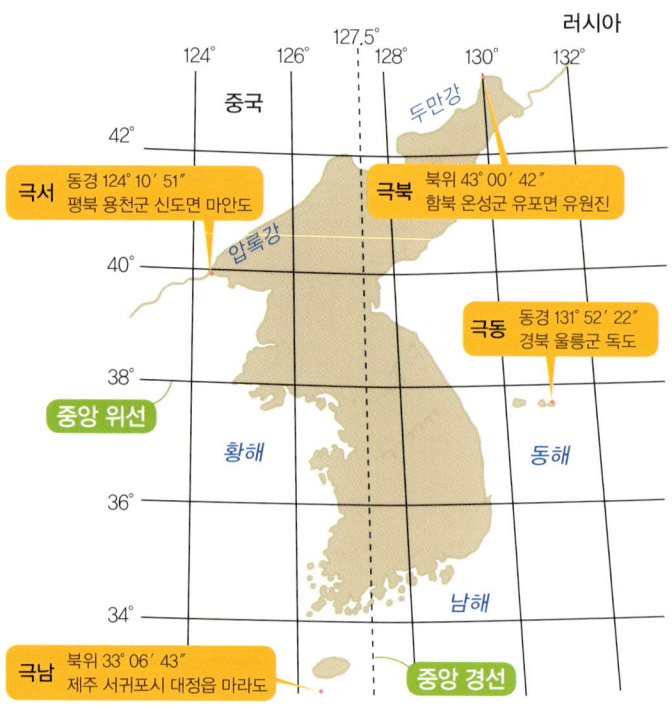

우리나라의 수리적 위치

우리나라의 영토

우리나라의 영토는 어디까지일까요?
4극부터 영해, 영공까지 알아봐요.
극동: 경상북도 울릉군 울릉읍 독도리 동도
극서: 평안북도 용천군 신도면 마안도
극남: 제주특별자치도 서귀포시 대정읍 마라도
극북: 함경북도 온성군 유포면 풍서동 유원진

우리나라의 영해와 영공

나라가 차지하고 있는 바다의 영역을 영해라고 해요. 국제법에 따라 기선으로부터 12해리(1해리=1852m)까지 영해라 해요. 영공은 영토와 영해의 상공을 말해요. 영공 역시 해당 국가의 통치권에 있기 때문에 항공기가 다른 나라의 영공을 비행하려면 반드시 비행 허가를 받아야 해요.

우리나라 지형의 특징

우리나라는 전체 면적의 약 70%가 산지예요. 동쪽에 높은 산이 몰려 있고, 서쪽으로 가면 평야가 많아요. 전체적으로 동쪽이 높고 서쪽이 낮은 지형이라고 할 수 있어요. 그래서 강물은 보통 동쪽의 높은 산에서 시작해 황해와 남해로 흘러요. 바다의 지형도 비슷해서 동해는 깊고, 황해는 얕아요. 동해는 물이 깊은 대신 해안선이 단조롭고, 황해는 해안선이 복잡한 리아스식 해안의 전형을 보여 주지요. 남해에는 섬이 아주 많아요.

동고서저의 지형

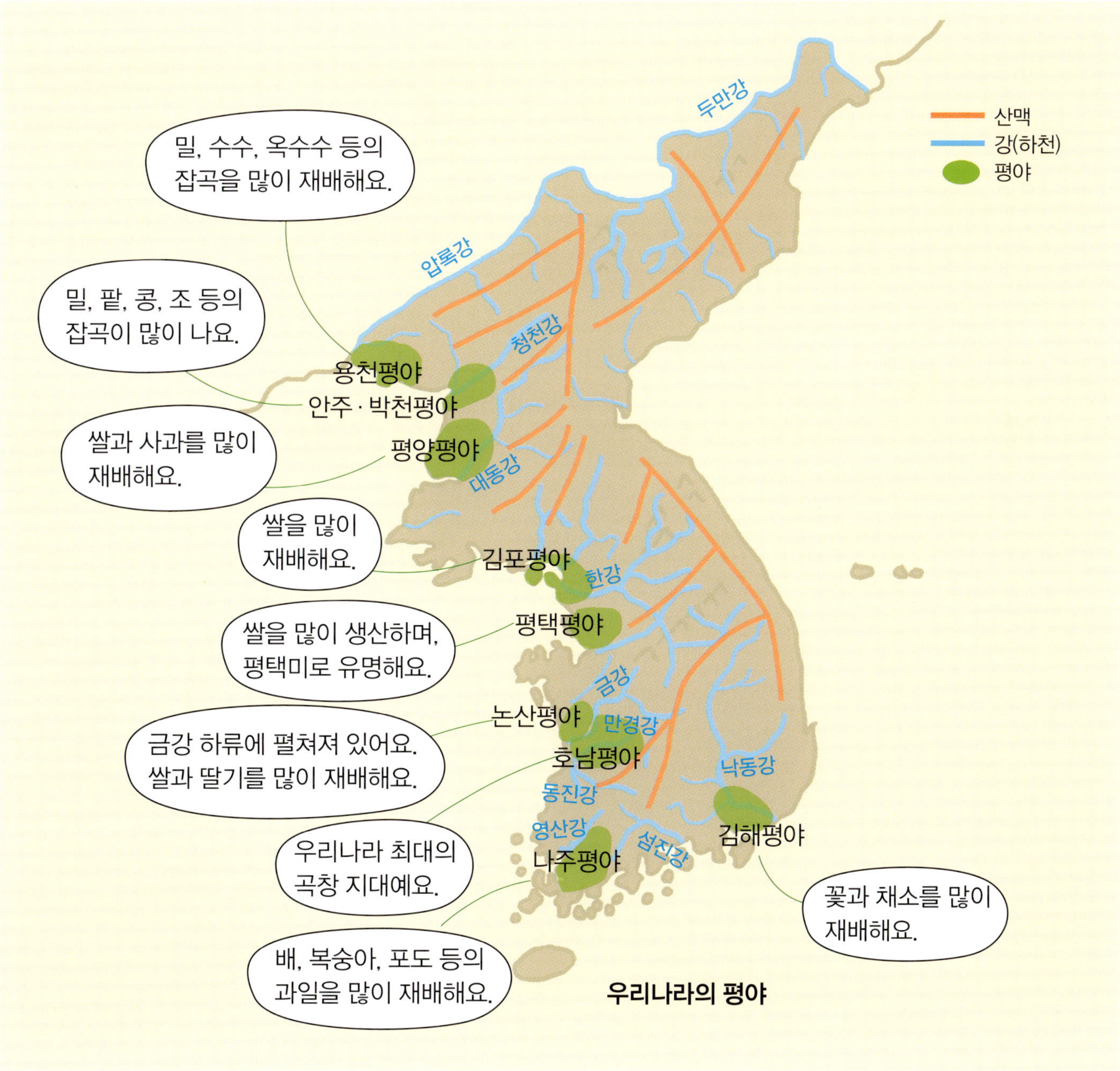

- 밀, 수수, 옥수수 등의 잡곡을 많이 재배해요.
- 밀, 팥, 콩, 조 등의 잡곡이 많이 나요.
- 쌀과 사과를 많이 재배해요.
- 쌀을 많이 재배해요.
- 쌀을 많이 생산하며, 평택미로 유명해요.
- 금강 하류에 펼쳐져 있어요. 쌀과 딸기를 많이 재배해요.
- 우리나라 최대의 곡창 지대예요.
- 배, 복숭아, 포도 등의 과일을 많이 재배해요.
- 꽃과 채소를 많이 재배해요.

용천평야, 안주·박천평야, 평양평야, 김포평야, 평택평야, 논산평야, 호남평야, 나주평야, 김해평야

두만강, 압록강, 청천강, 대동강, 한강, 금강, 만경강, 낙동강, 동진강, 영산강, 섬진강

산맥 / 강(하천) / 평야

우리나라의 평야

워크북 정답

83쪽

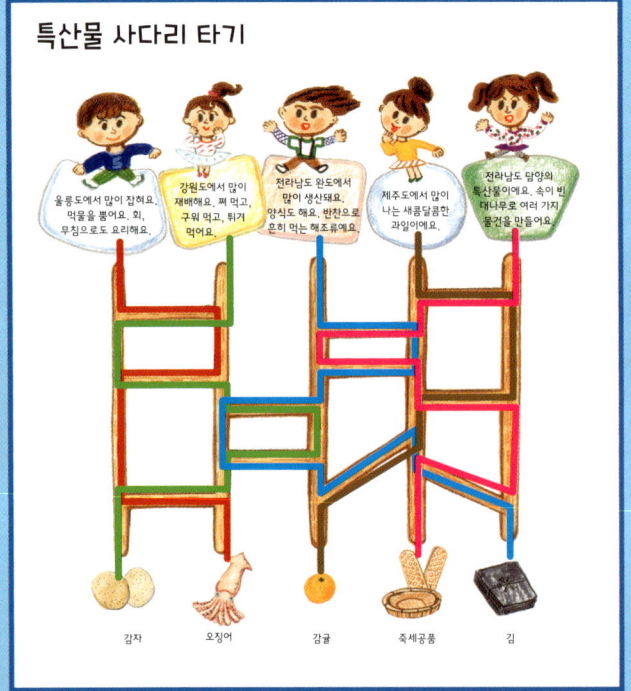

84쪽

85쪽

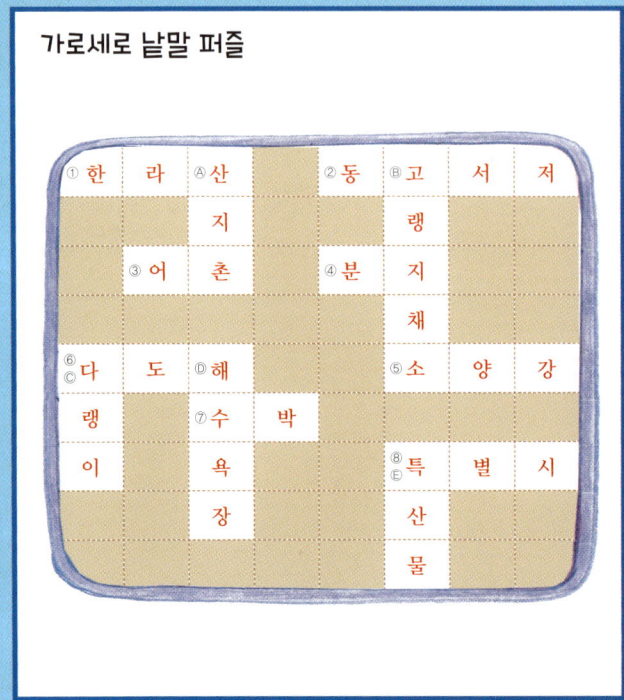

교과서 개념 잡는 초등 사회그림책

우리나라 지리

초판 1쇄 발행 2016년 12월 15일 | 초판 11쇄 발행 2024년 4월 16일

글 석수점 | 그림 이해정 | 감수 권정화(한국교원대학교 지리교육과 교수)

펴낸곳 (주)가나문화콘텐츠 | 펴낸이 김남전

편집장 유다형 | 편집 김아영 | 디자인 양란희

마케팅 정상원 한웅 정용민 김건우 | 경영관리 임종열 김다운

출판등록 2002년 2월 15일 제10-2308호 | 주소 경기도 고양시 덕양구 호원길 3-2

전화 02-717-5494(편집부) 02-332-7755(관리부) | 팩스 02-324-9944

홈페이지 ganapub.com | 이메일 ganapub@naver.com

포스트 post.naver.com/ganapub1 | 페이스북 facebook.com/ganapub1

인스타그램 instagram.com/ganapub1

ISBN 978-89-5736-887-9 (74300)
　　　978-89-5736-744-5 (세트)

*책값은 뒤표지에 표시되어 있습니다.
*이 책의 내용을 재사용하려면 반드시 저작권자와 (주)가나문화콘텐츠 양측의 동의를 얻어야 합니다.
*잘못된 책은 구입하신 서점에서 바꾸어 드립니다.
*가나출판사는 (주)가나문화콘텐츠의 출판 브랜드입니다.

- 제조자명 : (주)가나문화콘텐츠
- 주소 및 전화번호 : 경기도 고양시 덕양구 호원길 3-2 / 02-717-5494
- 제조연월 : 2024년 4월 16일
- 제조국명 : 대한민국
- 사용연령 : 4세 이상 어린이 제품

사진 제공

62p 위키미디어 공용, 두피아 | 63p 한국불교문화사업단, 위키미디어 공용 | 64p 굿이미지, 위키미디어ⓒTwchoi1, 해외문화홍보원 | 65p 위키미디어ⓒJames Ho, 두피아
66p 독립기념관, 서산버드랜드, 연합뉴스 | 67p 국립공주박물관, 셔터스톡ⓒyochika photographer | 68p 두피아, 굿이미지, 청주고인쇄박물관
69p 위키미디어 공용, 위키미디어ⓒSteve46814 | 70p 굿이미지, 위키미디어ⓒMar del Este, 김제시청 | 71p 위키미디어 공용, 김제시청
72p 드림스타임, 굿이미지, 위키미디어 공용 | 73p 위키미디어ⓒCho's, 위키미디어ⓒPiotrus | 74p 위키미디어 공용, 굿이미지, 두피아, 해양경찰청
75p 해외문화홍보원, 위키미디어 공용 | 76p 굿이미지, 위키미디어ⓒCatherine, 위키미디어 공용 | 77p 위키미디어ⓒKen Eckert, 고성 공룡박물관
78p 제주관광공사, 셔터스톡, 두피아 | 79p 제주관광공사 | 87p 연구개발특구진흥재단